Charles I
Jacob Abbott

查理一世

内战烽火与断头君主
全景插图版

[美]雅各布·阿伯特 著

张文斐 译

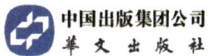
华文出版社

图书在版编目（CIP）数据

查理一世/(美)雅各布·阿伯特著；张文斐译. --北京：华文出版社，2019.5

（美国国家图书馆珍藏名传）

ISBN 978-7-5075-4990-4

Ⅰ.①查… Ⅱ.①雅… ②张… Ⅲ.①查理一世(CharlesⅠ1600-1649)—传记 Ⅳ.①K835.617

中国版本图书馆CIP数据核字(2018)第240828号

查理一世
CHALI YISHI

作　　者：[美] 雅各布·阿伯特
译　　者：张文斐
选题策划：
插图供应：029—89257605
责任编辑：张明华
出版发行：华文出版社
社　　址：北京市西城区广外大街305号8区2号楼
邮政编码：100055
网　　址：http://www.hwcbs.com.cn
电　　话：总编室010—58336239 发行部010—58336267
　　　　　责任编辑010—63421256
经　　销：新华书店
印　　刷：北京画中画印刷有限公司
开　　本：880×1230 1/32
印　　张：8.625
字　　数：139千字
版　　次：2019年5月第1版
印　　次：2019年5月第1次印刷
标准书号：ISBN 978-7-5075-4990-4
定　　价：45.00元

版权所有 侵权必究

出版说明

《美国国家图书馆珍藏名传》共 22 册,作者是美国著名历史学家、教育家雅各布·阿伯特。他以独特的视角研究公元前 7 世纪到公元 18 世纪 2500 年的世界史,最后写出了这套影响深远的人物传记。读者通过阅读这些风云人物,能更好地理解那段历史、那段时光,这是我们出版这套书的最大心愿。为更好地使读者全面了解该丛书,现做如下说明:

一、关于版本。据不完全统计,这套丛书的英文版多达上百个。其中,以哈珀兄弟出版公司于 1904 年出版的版本最具代表性和权威性。本丛书正是根据该版翻译而成,以保证版本的质量。

二、关于插图。这些人物距现代已经很久远了,读者可能会问:他们长什么样子?穿什么衣服?仗是如何打的?外交是如何谈的?……为了让读者更形象地了解当时的历史,我们精心为各书选配了约百幅插图,这些插图包括但不限于油画和版画。我们希望,通过品味插图的艺术之美,使读者获得一种不是穿越胜似穿越的强烈体验,从而更好地对当时的风土人情有更直观的体察。

三、关于注释。为了确保内容的正确性、权威性,版权方进行了大量的考证工作,考证的结果以注释的形式体现。另外,内文中很多涉及地图的地方,我们尽量尊重作者,尊重历史,保存原貌,如有出入,请读者认真分辨。

四、关于译者。本丛书由多所大学的一线英语老师及教授翻译而成。各位老师治学严谨,文笔优美,为确保丛书的质量奉献良多。在此,深表敬意。其中,《查理一世》一书由甘肃农业大学张文斐老师翻译而成。

尽管出版前我们做了许多工作,但不足之处实难避免,欢迎读者朋友多提宝贵意见。

译者序

我国史学界认为，英格兰资产阶级革命的爆发是世界近代史的开端。当时的英王查理一世一只脚踩着古代，一只脚踩着近代，两个不同的时代催生了两种甚至多种不同的思想。思想多元化导致行为多元化，行为多元化导致了社会失序，于是内战爆发。也许英格兰内战爆发就是这样一个逻辑。然而，从更广阔的角度来看，这场将英格兰从古代拽进近代的内战的背景是极其复杂的。我们知道，欧洲大陆陷入了漫长的宗教战争，史称"三十年战争"。英格兰孤悬海外，本来是不会参战的，不幸的是，战争使一个人失去了国家，他就是英王詹姆斯一世的女婿、本书主人公的姐夫弗雷德里克。

为了帮助女婿复国，詹姆斯一世想尽了办法。一开始，他希望通过英格兰王室与西班牙王室联姻，借助西班牙王室在欧洲大陆的影响力，使自己女婿复国。遗憾的是，宗教信仰的巨大差距和白金汉公爵的短视，导致詹姆斯一世的构想失败。最终，英格兰不得不参加欧洲大陆的战争。詹姆斯一世驾崩后，查理继位，称"查理一世"。查理一世娶了信奉天主教的法国公主，王后对政治的影响引起了信奉新教的臣民们的警惕。久而久之，臣民们对查理一世的宗教倾向产生了不信任。战争旷日持久，消耗巨大，查理一世不得不征税。根据英格兰的古老制度和传统，没有议会的许可，国王是无权征税的。于是，围绕征税的斗争开始了。宗教斗争此起彼伏，经济斗争持续不断，英格兰的社会矛盾越来越尖锐，英王与议会的冲突越来越激烈，最终内战打响了。

　　内战最后以查理一世的失败而告终，查理一世被送上了断头台，成为近代史第一个被公开处死的君主。这时，一个疑问摆在了我们的面前，暴力革命真的能产生稳定、繁荣的政府吗？答案是否定的。英格兰内战非但没有使国家走向繁荣，反倒引发了无穷无尽的灾难。

张文斐

于甘肃农业大学

2018 年 12 月 1 日

原 序

一个人一生的历史,不管是什么原因引起了众人的关注,都会让不少作家,通过各种各样的方式,泼墨成章。有时,人们会好奇,为什么叙述一件事情会有这么多互不相同的形式呢?面对的读者群不同,叙述形式也就各异。各个读者的观念、阅读的目的实在是相差甚远。美国有2000万人,其中有200万人(多是25岁以下的年轻人)[①]对深入了解影响古代世界和古代历史的重要事件兴致盎然。不过,美国这片土地上的现代人,在思想观念方面,跟过去时代的人相比存在很大的不同。因此,曾经出版过的图书就无法满足这些新读者的阅读需求了。故事必须让他们一读就懂,要讲述的内容,要亮出的观点,要突出的细节,与从前的作家在自己所处的

---

① 作者是19世纪的人,所以这些数据均为当时美国的数据。——译者注

那个时代写成的书相比，都将因为这些新读者所处的环境、观念和阅读目的的不同而发生变化。基于以上的理由和观点，这套历史人物传记得以面世。作者把自己的观点与知识写成书，作为劳动成果献给读者，希望大家在阅读时有所收获。

目 录

第一章 | 查理的早年生活 ········· 001

出生在苏格兰——当时的形势——安妮公主——王室婚姻——"代替结婚"——詹姆斯没被选上——詹姆斯追求安妮——他们的婚姻——詹姆斯在哥本哈根——查理婴儿时期身体虚弱——伊丽莎白女王驾崩——詹姆斯继承英格兰王位——第三只眼睛——预言成真——解释——查理的贵族头衔——查理的家庭教师——温莎城堡——前往伦敦——母爱——喜宴——查理的身体还是很虚弱——学习上的进步——查理的身体好转——他的哥哥薨逝了——查理爱上了体育运动——白金汉公爵——白金汉公爵的生活方式——王室成员——王室成员的真实生活——詹姆斯一世和白金汉公爵——不得体的信函——白金汉公爵的猪——詹姆斯一世的任性——吉布的故事——詹姆斯一世的坦率——王室贵族——表象——真实情况

第二章 | 宗教战争及与西班牙联姻始末 ········· 029

波西米亚公国——新教徒和天主教徒之间的战争——詹姆斯一世的女婿失国——詹姆斯一世的女婿逃到荷兰——查理的姐姐伊丽莎白——詹姆斯一世与西班牙联姻的计划——唐娜·玛利亚——与西班牙谈判——阻碍和拖延——白金汉公爵的建议——冒险的真实意图——白金汉公爵的掩饰——查理被说服了——詹姆斯一世的困惑——詹姆斯一世的担心——王室的俘虏——勉强同意——白金汉公爵情绪激动——分歧——詹姆斯一世的痛苦——查理和白金汉

公爵离开英格兰——查理和白金汉公爵的行为——在多佛被捕——到达巴黎——亨丽埃塔公主——布尔多——进入马德里——布里斯托尔伯爵的惊讶——查理受到接待——盛大的游行——西班牙的规矩——查理一直不能与公主见面——查理悄悄地和公主见面——不守规矩的行为——信函——神奇的图画——教皇的特许——婚约确定——讨厌白金汉公爵——白金汉公爵破坏了婚约——在埃斯库里亚尔的庆祝活动——返回伦敦——与西班牙联姻失败

第三章 | 詹姆斯一世驾崩与查理登基 ······ 051

詹姆斯一世为战争做准备——詹姆斯一世生病——詹姆斯一世驾崩——查理继位——关于政府性质和职责的不同观点——遗传继承——财产权和王权——世袭继承权是不受限制的权力——英格兰的三种继承权——斯图亚特王朝时期——议会——美国的立法机关——议会的职责——下议院——卑微的地位——国王在议会的权力——国王的责任——詹姆斯一世给议会的信函——信函的语气盛气凌人——下议院的特权——国王的特权——查理一世与议会的较量——下议院现状——它的影响很大——旧形式仍然保留——国王继位的影响——所有职位都会换人——威斯敏斯特——斯特兰大街——萨默塞特宫——詹姆斯一世的葬礼——查理一世的婚事——壮观而隆重的婚礼——新娘来到伦敦——新娘的住所

第四章 | 白金汉公爵之死 ······ 073

白金汉公爵对查理一世的影响——所有事都是以国王的名义进行——枢密院代表国王——枢密院的构成与职能——对王权的限制——新议会在牛津召开——查理一世与议会之间的分歧——议会的要求与查理一世的回答——查理一世和下议院都错了——查理一世答应了一切——查理一世没有诚意——下议院不满——解散议会——重组议会——国王的诡计——再次解散议会——国王和议会之间的裂痕越来越大——弹劾白金汉公爵——国王再次解散议会——白

金汉公爵鲁莽的行为——圆形联名抗议书——英格兰舰队返回——征讨西班牙——白金汉公爵异乎寻常的愚蠢——征讨的灾难性结果——白金汉公爵与黎塞留的争吵——决定宣战——法国仆人被解雇——远征法国失败——另一个计划——暗杀白金汉公爵——查理一世一点儿都不伤心——白金汉公爵的纪念碑——举国上下诅咒白金汉公爵

| 第五章 | 征税与政局动荡 ············· 099 |

筹集资金遇到困难——查理一世的资源——筹集资金的方法——议会被解散——政府查封了一位议员的家产——下议院里的争吵——下议院拒绝接受查理一世派来的官员——议员们被囚禁——查理一世在上议院——查理一世关于解散议会的讲话——查理一世决定不开议会——强迫贷款——垄断生活必需品——吨位费和手续费——船税——船税的起源——约翰·汉普登拒缴船税——审判约翰·汉普登——约翰·汉普登被迫缴税——组建新舰队——对付鲱鱼帆船——星法院法庭——陪审团审判——星法院法庭里没有陪审团——星法院审判的罪行——星法院名字的由来——星法院权力很大——巨额罚款——国王的森林——攻击查理一世和贵族们的罪行——一位先生因为不忍侮辱而被罚款——压制人民的抱怨——苏格兰王国——访问苏格兰——在苏格兰加冕——查理一世回到伦敦——越来越多的不满

| 第六章 | 大主教劳德的宗教改革与苏格兰之乱 ············· 123 |

大主教劳德——国教——教会体系——坎特伯雷大主教——劳德成为大主教——办理教务的能力——劳德的性格——英格兰与美国的主教制度——反对国教——礼拜天娱乐的分歧——清教徒——教会仪式之争——"李尔本案"——年轻律师的酒话——劳德开始在苏格兰推行国教——劳德和查理一世的目的——圣餐仪式——改变苏格兰的圣餐仪式——苏格兰反了——军事动员——查理一世率军北进——敌人进至约克郡——苏格兰人的诡计——妥协——苏格兰军队撤退——查理一世的难处

第七章 | 斯特拉福德伯爵与政治形势的恶化 ………………… 147

斯特拉福德伯爵的早年经历——斯特拉福德伯爵在议会——与查理一世政见不同——被调离——对立继续存在——温特沃斯被囚禁——返回议会——查理一世向托马斯·温特沃斯献殷勤——逐渐倒向查理一世一边——任命托马斯·温特沃斯为枢密院大臣——托马斯·温特沃斯被任命为北部总督——托马斯·温特沃斯前往爱尔兰政府任职——托马斯·温特沃斯的专制政府——被封为伯爵——困难——劳德治理的辖区——为主教制度辩护——民众越来越反对主教制度——重新召开议会——斯特拉福德被任命为总司令——议会召开会议——查理一世的演讲——掌玺大臣的讲话——抱怨——提醒——议会被解散——苏格兰人攻入英格兰——苏格兰进军——查理一世去约克郡——英格兰战败——困境和危险——查理一世重组上议院——苏格兰信使——查理一世和苏格兰人讲和——斯特拉福德伯爵反对——斯特拉福德伯爵希望回到爱尔兰——查理一世承诺保护斯特拉福德伯爵

第八章 | 斯特拉福德伯爵与大主教劳德的命运 ………………… 167

新议会召开——查理一世的演讲——攻击斯特拉福德伯爵和劳德——起诉斯特拉福德伯爵——斯特拉福德被捕——黑杖礼仪官——劳德受到暴力威胁——以叛国罪逮捕劳德——劳德的演讲——劳德被拘禁——审判斯特拉福德伯爵——下议院不公正行为——责任——令人难忘的场景——斯特拉福德伯爵的才干和雄辩——叛国罪只是一个借口——剥夺公民权利法案的投票结果——查理一世的干预——臣民们的叫嚣——查理一世犹豫要不要签字——伦敦塔——斯特拉福德伯爵写给查理一世的信——查理一世签署处死斯特拉福德伯爵法案——斯特拉福德伯爵大吃一惊——查理一世请求饶斯特拉福德伯爵一命——斯特拉福德伯爵给劳德的口信——沉着的斯特拉福德伯爵——劳德被处死

第九章 ｜ 内战爆发 ·················· 187

查理一世和议会决裂——查理一世改变了策略——反对王权的议员——钦差出现在下议院——宠臣们主张对下议院强硬——查理一世在下议院的演讲——逮捕被指控犯叛国罪的人——可怕的风暴——查理一世与议会都开始备战——支持国王和议会的不同力量——约翰·汉普登之死——鲁珀特王子——请愿的妇女们——威尔士亲王查理——查理一世来到牛津——查理一世决定投降

第十章 ｜ 军队与议会的斗争 ·················· 211

查理一世去了苏格兰人那里——苏格兰人接纳了查理一世——议会的公告——纽瓦克镇投降——关于如何处置国王的谈判——苏格兰人交出了国王——国王是否被出卖——国王身陷囹圄——霍尔姆宫——苏格兰牧师——查理一世收到王后的来信——奥利弗·克伦威尔打算劫持国王——掌旗官乔伊斯——乔伊斯打算强行带走国王——乔伊斯觐见国王——乔伊斯的权威——查理一世被带到剑桥——戒备森严——金氏病——汉普顿宫——查理一世和孩子们见面——国王逃离汉普顿宫——卡里斯布鲁克城堡——哈蒙德上校——查理一世再次被软禁——奥斯本的逃跑计划——罗尔夫的毒计——罗尔夫发现了奥斯本的计划——查理一世近乎沦为囚犯——查理一世的悲惨状况

第十一章 ｜ 查理一世之死 ·················· 235

再次计划逃跑——查理一世拒绝违背诺言——查理一世的朋友们忧心忡忡——查理一世被带离卡里斯布鲁克城堡——查理一世被带到伦敦——委员会名册——查理一世被带进法庭——查理一世的镇静沉着——查理一世打断控告书的宣读——查理一世否认法庭的司法权——查理一世被判处死刑——查理一

世受到了很大的侮辱——查理一世最后的要求——同意查理一世的要求——查理一世的祈祷仪式——查理一世拒绝见朋友——遗言——法官签署死刑执行令——查理一世睡得很好——查理一世的演讲——查理一世的尸体被运到温莎城堡——暴力革命没有导致稳定的政府

附　录　专有名词汉英对照 ………………………………… 259

第一章

查理的早年生活

精彩看点

出生在苏格兰——当时的形势——安妮公主——王室婚姻——"代替结婚"——詹姆斯没被选上——詹姆斯追求安妮——他们的婚姻——詹姆斯在哥本哈根——查理婴儿时期身体虚弱——伊丽莎白女王驾崩——詹姆斯继承英格兰王位——第三只眼睛——预言成真——解释——查理的贵族头衔——查理的家庭教师——温莎城堡——前往伦敦——母爱——喜宴——查理的身体还是很虚弱——学习上的进步——查理的身体好转——他的哥哥薨逝了——查理爱上了体育运动——白金汉公爵——白金汉公爵的生活方式——王室成员——王室成员的真实生活——詹姆斯一世和白金汉公爵——不得体的信函——白金汉公爵的猪——詹姆斯一世的任性——吉布的故事——詹姆斯一世的坦率——王室贵族——表象——真实情况

查理一世出生在苏格兰。也许读者会感到惊讶，一个英格兰的国王怎么会出生在苏格兰呢？事情是这样的：

看过《玛丽女王》的读者应该会想起来，玛丽女王一生奋斗的伟大目标就是让她的家族统治英格兰和苏格兰。当时，统治英格兰的是伊丽莎白女王，她终生未婚。在苏格兰，将来能合法继承英格兰王位的人有两个，一个是玛丽女王，另一个是叫达恩利勋爵的年轻人，但很难确定他们谁更有资格。于是，为了防止纠纷，理顺继承权，玛丽女王决定跟达恩利勋爵结婚。后来，他们生了一个儿子。这个孩子在他的父亲、母亲和英格兰女王伊丽莎白去世后，被公认为英格兰王位的继承人。同时，他还是苏格兰国王，这个人就是詹姆斯。他娶了一位丹麦公主，而他的孩子就是后来的英格兰国王查理一世。

苏格兰的玛丽女王

英格兰的伊丽莎白女王

查理一世

詹姆斯还在苏格兰时，查理一世就出生了。

查理一世的母亲，正如前文已经说过的，是一位丹麦公主，名叫安妮。当时，她和詹姆斯国王的婚事不同寻常，引起了极大的关注。从某种意义上来说，这种婚事是王子们和公主们的宿命，他们只能与他们自己身份相当的王室贵族结婚。由于双方居住的城市相距遥远，所以他们几乎没有机会见面，于是就只能靠送到眼前的资料来选择自己的配偶了。这些资料说明了每个备选人的外貌和性格。此外，他们选择配偶也深受政治因素的影响，而且通常或多或少会受到与其他国家之间的谈判的束缚。每个国家的大臣会考虑，联姻是不是会干扰他们自己的政治计划，如果是，他们就会反对。

此外，结婚典礼通常在新娘的国家举行，但一个国王离开自己的国家非常不便，所以作为新郎的国王不会出席，他会派一名使者代表他出席。这就是"代替结婚"。接着，在大批侍卫的护送下，新娘会前往国王丈夫那里。一般情况下，国王会在边境上迎接新娘，于是新娘在"代替结婚"几个星期后，终于第一次见到自己的丈夫了，尽管在订婚前她见过他的画像。其实，这不是很重要，因为公主的个人喜好跟她的婚事一般没什么关系。

那时，詹姆斯决定向丹麦国王的长公主求婚，并跟

查理一世的母亲丹麦公主安妮

大臣们商量了。然而,英格兰女王伊丽莎白听说后,却反对这桩婚事。无可奈何之下,丹麦国王将长公主嫁给另外一位求婚者了。詹姆斯的性格温文尔雅,虽然他的求婚很快因为受阻而告吹,但这次失败却坚定了他的决心:求娶丹麦国王的二女儿——安妮。这次,他派了一位能言善辩的使者。见他如此诚恳,国王很快就同意他们结婚了。于是,安妮坐船驶向苏格兰,而詹姆斯耐心地等着新娘,但最终他没有等来安妮。有消息传来说,安妮的船队遇到风暴,已经被吹散,而安妮所在的船停在了挪威海岸。

詹姆斯立即决定去找安妮,但他心里明镜似的,如果因为这样的事出国,大臣和贵族们定会反对,所以他一直不敢走漏风声。最后,他悄悄地备了几条船,带了几个亲随,然后上船就走了。走之前,他没有告诉任何人他要去哪里。他漂洋过海,赶往安妮所在的挪威镇子,最后找到了她,并结了婚。这时,安妮的弟弟初登王位,得知他们结婚的消息后,就邀请他们去丹麦首都——哥本哈根过冬。当时冬天快到了,风暴就要来了,于是詹姆斯决定接受邀请去哥本哈根。为了欢迎他们,哥本哈根搞了盛大的游行。在那里,他们愉快地度过了冬天。开春后,他带着妻子回到了苏格兰。苏格兰上下对詹姆

当时的丹麦国王弗雷德里克二世,也就是詹姆斯的岳父

查理一世的父亲詹姆斯

斯的举动深感意外，因为他留给人们的印象，一贯是温和、安静而又稳重的。

查理刚出生时，身体虚弱极了。因为大家担心他活不了几个小时，所以就立刻为他举行了洗礼仪式。当时，人们认为，要想使一个将要夭亡的婴儿获得救赎，就该在他死前为他洗礼。尽管一开始查理让大家操碎了心，但一段时间后，他的身体就逐渐好转了。他不是长子，身体不好大家就很担心，如果他是长子，大家还不知道怎么担心呢。查理有个哥哥，也就是亨利王子，他才是詹姆斯的王太子。因此，查理永远不可能当上国王，所以他的出生、幸福以及健康的重要性就下降了。

查理两岁时，伊丽莎白女王驾崩了，詹姆斯继承英格兰王位的时间到了。一个信使日夜兼程，疾驰到苏格兰，半夜时分进了詹姆斯的寝宫，接着获准进入他的房间。信使跪在他的床边，禀报伊丽莎白女王驾崩的消息，同时宣布他继承英格兰王位。于是，詹姆斯立即跟他的苏格兰大臣告别，启程前往英格兰，统治他的新国家去了。安妮王后、亨利王子以及伊丽莎白公主一两周后也会去英格兰，但查理因为身体太弱，所以去不成。

在早期的苏格兰，人们相信一些苏格兰老人生有所谓的第三只眼睛，就是说他们能够用一种神秘莫测的方

少年时期的亨利王子

少女时期的伊丽莎白公主

法预见未来,这种说法在苏格兰至今还存在。查理还是婴儿时,发生了一件能充分说明这种预言的事情。就在詹姆斯国王准备离开苏格兰,去英格兰继承王位的时候,一位年迈的苏格兰老人来和他告别。离别之际,他对国王说了许多忠告,也送上了很多祝福。随后,老人径直走到查理跟前,向他鞠了一躬,并且一脸尊敬地吻着他的手,至于一旁的亨利王子,他看都没看一眼,而查理当时才两岁。詹姆斯国王纠正了他这个不该犯的错误,说那是他的二儿子,另一个男孩才是王太子。"不,"老人说,"我没有错。我知道我在和谁说话。襁褓中的那个孩子未来会比他的哥哥更伟大,他会将他父亲的王位传承好几代。"这个预言最后成真了,因为健康强壮的亨利王子去世了,而看上去虚弱不堪、一脸病态的查理却活了下来,并最终继承了他父亲的王位。

当老人说出预言时,就人为的可能性而言,预言似乎根本不会成真,但还是引起了人们的关注。大家都重视并记住了这个出人意料、令人吃惊的预言。很快,老人也引起了人们的好奇,从而受到了关注。人们之所以会关注许多类似的预言,是因为它们的出现不知不觉地附带着一种启发人们想象力的神秘感应。当时,人们的认识有限,一些神秘莫测的自然现象是无法解释的,于

第一章 查理的早年生活

是，超自然的神秘感应就产生了。最后，人们记住了那些已经应验的预言，却忘记了那些没有应验的，久而久之，凡是预言，人们就一股脑儿地相信它们都会成真的。

虽然婴儿时期的查理羸弱不堪，随时都会夭亡，但詹姆斯仍然按照王子受封的惯例，授予他各种贵族头衔。到他的身体好些，在保姆的怀中有足够的力气抬起头时，他已经被封为公爵、侯爵、伯爵和男爵了。其中，最高的一个爵位是奥尔巴尼公爵。因此，在苏格兰的时候，大家常叫他"奥尔巴尼公爵"。

詹姆斯去英格兰继承王位的时候，为查理指定了一个家庭教师——卡里夫人——负责他的健康和教育。她获此"殊荣"，不是因为她有做家庭教师的任何特殊资格，而是因为她的丈夫罗伯特·卡里先生之前担任英格兰政府的信使时，向詹姆斯禀报了伊丽莎白女王驾崩的消息，并宣布他继承王位。为国王带来好消息的人通常都会得到酬谢，任命罗伯特·卡里的妻子为查理的家庭教师，就是詹姆斯国王对罗伯特·卡里的酬谢。毋庸置疑，这个职位名利双收，承担的责任却很少。

温莎城堡是英格兰国王的主要官邸，它位于伦敦以北，泰晤士河南岸。站在温莎城堡向外望，泰晤士河与一个美丽的山谷尽收眼底，泰晤士河从这个山谷蜿蜒流

罗伯特·卡里先生

第一章 查理的早年生活

过。温莎城堡的后面是一片非常辽阔的森林，它的每个方向都有行人走出或者马匹踏出的小路。自古以来，温莎城堡就是英格兰国王位于乡村的官邸。它的建筑面积很大，高墙内有许多宫殿和院落，它的周围建有许多老式或新式的建筑。詹姆斯到达英格兰后，就住在这里。大约一年后，他派人去接小查理来跟他同住。

小查理的旅程开始了，尽管他们走的都是路况良好的大道，但他们的行进速度还是很慢。一路上，他受到保姆和随从无微不至的照顾。小查理是在10月动身的，他的母亲眼巴巴地盼着他到来。由于查理身体虚弱，所以他成了母亲最疼爱的孩子。母亲仁慈善良的天性会在自己的孩子面前表露无遗，如果她的孩子羸弱无助，她就会加倍地疼爱他。也许在大家看来，长久地对孩子保持警惕和关心会很辛苦，但在作为母亲的安妮看来，却是最大的幸福了。

小查理到达温莎城堡时，已经4岁了。为了庆祝他的到来，国王举行了盛大的宴会。几天后，国王封他为约克公爵。之前，他被封为奥尔巴尼公爵，但相比之下，约克公爵更尊贵。后来，国王命一位绅士负责他的教育，那时他还不到6岁。这时，他那虚弱的身体开始好转了。查理一生下来，四肢就有些畸形，所以过了很久他才会

温莎城堡,绘于17世纪

走路；说话学得也不快，很长时间才学会。最后，因为四肢畸形，走路受到了影响；因为学会说话的时间晚，他竟然成了结巴，所以这给他的童年蒙上了阴影。实际上，终其一生，他结巴的毛病也没有治好。

出人意料的是，他一跟着新老师学习，就取得了远超预期的进步。没过多久，大家就发现，他只是身体弱罢了，头脑非但没有受到影响，反倒非常聪明。接着，他在学习上的进步就更快了。其实，换个角度来看，也可以说他的进步与虚弱的身体多少有点儿关系。正是因为身体虚弱，他不能跟宫廷里的其他男孩玩耍，也不能参加那些超过他的身体承受能力的竞技项目和娱乐活动，所以他大部分时间都坐在房间里安静地读书。当然，其他孩子也就不喜欢和他玩了。最后，大家都叫他"宝贝查理"。

查理的脾气变坏了，因为他自卑了，并且嫉妒别人了。他是国王的儿子，在竞技项目中却不如那些比他地位低的人，叫他怎能不自卑，又怎能不嫉妒！

数年时光，一晃而过，查理的地位和前途完全改变了。他的病渐渐好转了，身体也逐渐强壮了。他12岁时，他的哥哥亨利薨了，于是他的人生发生了翻天覆地的变化。这时，在所有英格兰人乃至所有欧洲人的心目中，他都是英格兰王储了。大约也是在这个时候，大他几岁的姐姐——伊丽莎白公主嫁给了神圣罗马帝国的一位王子。婚礼办得十分隆重，小查理还当了伴郎呢。因为查理成了英格兰法定的王位继承人，所以他16岁时被封了新的爵位——威尔士亲王。接着，政府特别拨款，供他开销。毫无疑问，在未来，他的地位至高无上，权力无人可及，所以他受到周围所有人的青睐。

后来，他的身体也大好了，他甚至爱上了专为青年男子举办的竞技运动，并且每次参加，都能取得傲人的成绩。渐渐地，他成了当时青年男子参加的竞技项目——射击、骑马、跳跃和马上拼刺——的佼佼者。现在，查理从一个体弱多病、不爱运动的孩子，变成了一个积极活泼、热爱运动的20岁的年轻人。他志向远大，时刻准备着做一番大事。果不其然，到23岁的时候，他还真做了一件引人注目的大事。接下来这件事会被说到。

詹姆斯的朝廷里有个年轻人，后来他追随了查理，并成了最受查理宠信的大臣。在历史上，他被称为"白金汉公爵"，他的原名是乔治·维利尔斯。他相貌堂堂，玉树临风，很快便引起了詹姆斯的注意。詹姆斯让他当自己的随从，最后他成了最受国王恩宠的大臣。国王让他做了大官，还封了他许多爵位，其中一个爵位就是"白

少年时期的查理一世

伊丽莎白公主的丈夫神圣罗马帝国王子,即后来的腓特烈五世

白金汉公爵

金汉公爵"。虽然朝廷里有些人非常嫉妒他的权力以及他对国王的影响力,但他们却不得不对他恭顺服从。他的地位崇高,身份显赫,多年来一直是整个英格兰数一数二的人物。在第四章,我们将会介绍他的生平。

如果读者根据本章前面频繁提到的盛大的王室游行、城堡、仪式、贵族头衔和各种各样的官职,就臆断王室成员的生活既高贵又奢侈,那你们就上当受骗了。其实,这一切不过是表象而已,要么是为了满足他们的虚荣心,要么是为了震慑他们的臣民,而臣民永远都不会知道背后的真相,他们只知道统治者的权力来自上帝。

当时的史学家讲了这样一个故事。一天,国王闷闷不乐,心情差极了。白金汉公爵很想逗乐国王,最后他想出了个法子。现在,为了让读者了解国王和白金汉公爵之间的关系何等亲密,首先我要说明的是,国王一般称白金汉公爵为"史蒂",也就是"史蒂芬"的简称。众所周知,圣史蒂芬是个非常英俊的男人,他常出现在天主教的圣像画中,而白金汉公爵就像圣史蒂芬一样英俊。所以为了表达自己的殷殷美意,詹姆斯就叫他"史蒂"了。在写给国王的信里,"史蒂"称国王为"自己的主",自称为"您的奴才和忠犬"。而国王也给白金汉公爵写过信,并且有不少流传至今,然而,由于国王言语粗鄙、龌龊,所以许多史学家认为,这些信不适合结集出版。其实,查理国王也给白金汉公爵写过信,内容倒是文雅、得体。

接下来,回到我们的故事。为了逗心情沮丧的国王开心,白金汉公爵就给一只猪穿上婴儿的衣服,把猪扮成婴儿的样子。白金汉公爵的母亲是一位伯爵夫人,她化妆成保姆,另一个人穿上主教的法衣,袍子是绸缎的,袖子是亚麻的,上面附有其他一些主教该有的饰品。他们准备了一个圣洗池,一本《圣经》以及举行宗教仪式时必需的东西,然后请国王来参加"婴儿"的洗礼。国王来了后,假扮的主教就开始颂读《圣经》,旁边参加洗礼仪式的教士一脸严肃。就在这时,猪叫了起来,所有的人都被逗乐了,只有国王一脸不快。史学家认为,此刻国王还是不高兴,不是因为白金汉公爵的胡搞亵渎了神灵,从而引起了他的反感,而是因为他心不在焉。

英格兰与西班牙一直在谈两国联姻的事情,一开始谈的是亨利王子与西班牙公主,后来谈的是查理与这位公主。一次,国王丢了一些两国谈判的文件,无论怎么找都找不到。在王宫里,他大发雷霆。最后,他瞅见了一个名叫吉布的苏格兰仆人。这时,国王就像一个因为丢了玩具而心烦意乱、焦躁不安的孩子一样,硬是把弄丢文件的责任赖在了吉布身上。"我记得文件交给你保管了，"他说，"你把它们放哪儿了？"忠心耿耿的仆人跪在地上，说国王没有把文件给他。他这样一反驳，国王更生气了，就踢了他一脚。吉布马上站了起来，说："我一直对陛下忠心耿耿，没想到你竟然这样对待我。因为你侮辱了我，所以我不能再在你身边服侍你了，我再也不想看到你了。"说完，他就离开宫殿，走了。

这件事发生后不久，真正保管文件的人出现了，并拿出了文件。一经确认这就是他要找的文件，他就为自己之前的行为感到羞愧了。于是，他就派人去请回了吉布，但是要想让这个苏格兰仆人留下来侍奉自己，就不是件容易的事了。最后，国王跪在地上，请求吉布原谅，并说如果吉布不原谅他，他就不起来。吉布拒绝了国王的请求，并催促国王快点儿起来；但国王说，如果听不到吉布说原谅他了，就绝不起来。也许我们会因为国王坦率、主动、诚实地承认了错误，从而会不计较他这幼稚而愚蠢的行为，但毋庸置疑，在日常生活中，他的行为举止并没有表现出一个国王该有的尊贵。

因此，国王每次出现在人们面前时搞的那种宏大的场面，不过是为了衬托国王的尊贵罢了，但正如上文所表明的，国王不一定是尊贵的。然而，英格兰的百姓们

第一章 查理的早年生活

能看到的,却恰恰是这种表象。在他们面前,国王出行的场面一向都是那么辉煌而壮观,而他们只能站在远处谦卑地望着,因为他们只是百姓。可是查理王子对这种场面的幕后真相是再明白不过了,因为从童年到青年,

查理一世与父亲、母亲

他一直受这种场面的影响。其实,英格兰人民服从这些人的统治,并不是因为他们觉得这些人有资格统治他们,或者觉得这些人生活的环境更适合塑造基督民族统治者的思想,因为他们根本就不了解这些人的生活环境。他们想当然地认为,王室人员的品格应该是高尚的,生活应该是优雅的,宫殿——有些人在威斯敏斯特亲眼见过,但大部分人都是道听途说的——是宏伟而壮丽的。实际上,这些宫殿到处充斥着庸俗、堕落和龌龊。对他们而言,詹姆斯是统治英格兰、苏格兰和爱尔兰的国王詹姆斯一世,而查理则是威尔士亲王、约克公爵和法定的王位继承人。然而,对那些在王宫里见过他们、了解他们的人而言,父亲是"老父亲",儿子就是"宝贝查理",至少在他 24 岁之前,他的父亲一直是这样叫他的。

第 二 章

宗教战争及与西班牙联姻始末

精彩看点

波西米亚公国——新教徒和天主教徒之间的战争——詹姆斯一世的女婿失国——詹姆斯一世的女婿逃到荷兰——查理的姐姐伊丽莎白——詹姆斯一世与西班牙联姻的计划——唐娜·玛利亚——与西班牙谈判——阻碍和拖延——白金汉公爵的建议——冒险的真实意图——白金汉公爵的掩饰——查理被说服了——詹姆斯一世的困惑——詹姆斯一世的担心——王室的俘虏——勉强同意——白金汉公爵情绪激动——分歧——詹姆斯一世的痛苦——查理和白金汉公爵离开英格兰——查理和白金汉公爵的行为——在多佛被捕——到达巴黎——亨丽埃塔公主——布尔多——进入马德里——布里斯托尔伯爵的惊讶——查理受到接待——盛大的游行——西班牙的规矩——查理一直不能与公主见面——查理悄悄地和公主见面——不守规矩的行为——信函——神奇的图画——教皇的特许——婚约确定——讨厌白金汉公爵——白金汉公爵破坏了婚约——在埃斯库里亚尔的庆祝活动——返回伦敦——与西班牙联姻失败

为了让读者充分了解查理在 20 岁出头时立志要做的充满传奇色彩的大事，我们首先要从弗雷德里克说起，他是神圣罗马帝国的一位王子。几年前，他娶了查理的姐姐伊丽莎白。他统治着神圣罗马帝国下面的波西米亚公国，该公国位于莱茵河岸边。同时，他还是神圣罗马帝国的巴拉丁选帝侯。神圣罗马帝国有很多独立的公国，各公国的统治者拥有各种各样的爵位，享有数之不尽的特权。

这时，一场激烈的内战在神圣罗马帝国的天主教徒和新教徒之间爆发了。弗雷德里克卷入了战争，并支持新教徒。他不是为了信仰而战，而是为了扩张领土、扩大权力而战，因为参战前他得到承诺，如果他支持新教徒打败天主教徒，那么一个新的王国将会并入他的波西米亚公国。他没有跟他的岳父詹姆斯一世商量就私自答应了,因为他知道岳父可能不会赞成这么冒险的事。的确,在得知弗雷德里克参战后,詹姆斯一世非常担心。

正如詹姆斯一世所担心的那样,结果是灾难性的:弗雷德里克不仅没有得到什么新王国,而且激怒了天主教徒,他们组织大军侵入波西米亚公国,轻而易举地占领了它。弗雷德里克向荷兰逃去。途中,他以流亡者的身份,请詹姆斯一世助他复国。

弗雷德里克的不幸引起了英格兰人的密切关注,他们急切希望詹姆斯一世组建一支军队,实实在在地助弗雷德里克一臂之力。他们之所以这样热心,一方面是因为他们也是新教徒,所以一直准备着,只要欧洲大陆哪里爆发宗教战争,他们就会支持哪里的新教徒;另一方面是因为他们很在乎弗雷德里克的妻子伊丽莎白公主——她才嫁过去不久,于是他们认为,在某种程度上,她仍然是英格兰王室的一员,有权得到她父亲的臣民的帮助。

然而,詹姆斯一世本人不打算参加欧洲大陆上的这场宗教战争。他的思维迟钝,性格单纯,对战争毫不感兴趣。不过,他会用别的方法来帮助自己的女婿。在天主教统治的各国中,实力最强的是西班牙。因此,西班牙国王的影响力是不言而喻的。他有个貌美如花的女儿,叫唐娜·玛利亚。按照西班牙公主的习惯性称谓,又叫

身着铠甲的弗雷德里克

"英凡达"。这时,詹姆斯一世想到了一个帮助弗雷德里克的妙计——让儿子查理娶唐娜·玛利亚公主。当两国进行婚约谈判时,要在里面附加这么一条:把波西米亚公国还给弗雷德里克。

婚约谈判开始了,接着谈了好几年,都没有取得突破性进展。这是因为唐娜·玛利亚是天主教徒,查理是新教徒,所以,如果没有教皇的特许,他们是不能结婚的。要想取得教皇的特许,势必进行新的婚约谈判,这样一来,两国联姻就将拖到猴年马月去了。谈判进行期间,西班牙国王——唐娜·玛利亚的父亲驾崩了,他的儿子,也就是唐娜·玛利亚的哥哥腓力继位。于是,所有的谈判只得重新开始。据说,西班牙国王根本不愿意马上签订婚约,而是巴不得就这样一直谈而不决,从而牵制一下英格兰国王。因此,双方继续不断互派使者,起草数不尽的条约、条款、条件和规定。双方无休止的争论与如何保障唐娜·玛利亚在英格兰充分享有天主教徒的权利有关。西班牙方面提出的条件很明确,要求英格兰允许唐娜·玛利亚拥有自己的教堂、牧师,庆祝弥撒,以及享有她在母国享有的其他特权。尽管詹姆斯一世同意了所有条件,但西班牙方面总是找借口,继续拖延,拒绝签订婚约。

西班牙公主唐娜·玛利亚

最后，白金汉公爵给查理出了个法子——他们两个应该亲赴西班牙，看看谈判双方是否有意解决这件事。白金汉公爵之所以能想出这个办法，一方面是因为他是个热衷冒险的傻大胆儿，一方面是因为他想打击他的政敌——英格兰方面负责婚约谈判的全权大使布里斯托尔伯爵。对读者而言，这充其量是两个年轻人——一个想去一睹自己心仪的女子的芳颜，另一个勇敢无畏，想体验一下冒险——从伦敦到马德里的普通旅行计划罢了。然而，在讲究王室礼仪的那个时代，这个计划还真不简单。查理和白金汉公爵心里明镜似的，朝廷里的达官显贵们绝不会同意该计划。因此，他们决定乔装打扮，偷偷去西班牙，前提是，他们必须征得国王的同意。白金汉公爵觉得，搞定国王易如反掌，因为他早就有能力像对待小孩一样左右国王了。不过，由于国王的纵容，他经常傲慢无礼地对待查理，惹得查理又气又恨，所以他们之间的关系就不怎么好了。最后，白金汉公爵一想出亲赴西班牙的计划后，为了改善彼此的关系，就向查理暗示自己有打破婚约谈判僵局的妙计，只是他城府很深，所以只等着查理来请教，而没有上赶子献计。查理果然"上钩"了，于是他这才将自己的想法和盘托出。

白金汉公爵给查理分析道，他的婚事之所以久拖不

第二章 宗教战争及与西班牙联姻始末

决,是因为与西班牙的婚约谈判从头到尾都由大使、谈判大臣和朝廷官员负责,而恰恰就是他们把事情搞成了没完没了的复杂局面。"像男子汉一样,自己的婚事自己做主,"他说,"你和我一起出发,马上去西班牙。你突然而意外地出现,一定会使他们震惊,而你的热情、勇敢和执着一定会让公主欢喜,那么她就会尽力配合你,从而让双方从速签订婚约。此外,如果你成功了,那么你的智慧和魄力就会令所有人刮目相看。"

查理很容易就被说服了,接下来要做的就是征得国王的同意。一天,查理和白金汉公爵去了国王的宫殿。国王酒喝得正欢,他们觉得时机到了。查理说他有个请求,希望父亲在他说之前先答应他。詹姆斯一世犹豫了一会儿,就半开玩笑半认真地同意了。接着,他们又要求国王保证不会告诉其他任何人,然后他们再说出自己的计划。国王答应了。但一听他们说完,国王就大吃一惊,大脑马上清醒了,于是收回了自己刚才说的话,并且说他绝不同意他们前往西班牙。

白金汉公爵见状,就立刻为查理帮腔,他告诉国王,王子亲赴西班牙,一方面人身安全绝对可以得到保证,另一方面有利于双方尽快签订婚约。他和王子去西班牙肯定能比任何大使更好地完成帮助弗雷德里克要回波西米亚公国的使命。詹姆斯一世禁不住他们的软磨硬泡，最后勉强同意了他们的计划。

然而，当查理和白金汉公爵再来见他时，他就反悔了，说他们的计划必须放弃。詹姆斯一世现在别提多焦虑了，主要是担心儿子会被长时间扣留在法国或西班牙。在那个时代，如果扣留一个王子，就可以索取高昂的赎金。包括王子在内的达官显贵们如果被软禁了，软禁他们的人一方面说他们的行动是自由的，另一方面却安排了警卫和哨兵——他们信誓旦旦地说，这样做既是为了显示贵宾尊贵的地位，也是为了体现厚待贵宾的美意，实际上是监视他们。当时，英格兰、法国和西班牙之间还存在一些没有解决的问题和纠纷，所以各国都可以随便找个借口扣留游玩时越过边境的王子，然后就视该王子为人质，并且逼迫对方履行某种政治承诺。詹姆斯一世心里很清楚，法国或西班牙不值得信任，所以不放心自己的儿子进入法国或西班牙境内。他说，如果事先不跟法国沟通，并获得通关文牒——法国政府发出的确保查理过境时不受骚扰和刁难的文件，那他绝不同意查理出国。

听完国王的话，白金汉公爵非但没有旁征博引新的有说服力的证据，反倒发起火来，他指责国王，违背了

青年时期的查理一世

承诺——不向任何人透露他们的计划，因为据他所知，国王的几个亲信大臣已经知道，这肯定是国王透露给他们的。国王对此坚决否认。白金汉公爵的激烈言辞把国王吓坏了，他激动了，伤心了，于是就像个孩子一样哭了起来。最终，他还是妥协了，说他们可以去。他们要带两个随从同往，其中一个是国王的内务官柯林顿，当时他就在候见室。他们请国王叫他进来，好问问他是否愿意去。柯林顿一进来，国王就故意问道："史蒂芬和宝贝查理想去西班牙求娶公主，你怎么看？"柯林顿说他不赞成这么做。然后国王就又不同意他们去了，而白金汉公爵又生起气来，要查理亲赴西班牙的意志也更加坚定了。接着，他们就狠狠地相互指责起来，这一幕要是在别的地方，而不是在王宫出现，别人一定会以为他们在吵架。

就像所有的吵架一样，获胜的一方通常是不可理喻的、强势的。而失败的詹姆斯一世扑倒在寝宫的床上，伤心地哭了，说他们要是去了，他就会失去他的宝贝查理。考虑到查理现在是国王的独子，是王位的继承人，他的死活关乎英格兰的未来，因此，当想到他远涉重洋会有生命危险时，父王显得如此紧张焦虑，自然就是情理之中的事了。然而，那些不知原委的人也许会觉得，一个

第二章 宗教战争及与西班牙联姻始末

国王竟然这样表达对儿子的担忧，实在有失尊严和体统。

最后，查理和白金汉公爵悄悄地离开了伦敦，等两个随从在不同的地方跟他们会合后，他们一起赶往多佛，并准备在这里乘船出国。他们脱下达官显贵们那时穿的符合身份的华服，换上了普通人的衣服；戴上了长长的假发，脸颊因此被遮住了，容貌也发生了改变。不过，一路上，虽然他们能够乔装打扮，但他们藏不住自己庄严平和的气质和仪态，站在普通人群中，犹如鹤立鸡群。他们慷慨潇洒，一掷千金；言谈举止，尽显贵气，结果凡是跟他们照过面的人，都觉得他们是乔装打扮的放荡不羁的贵族子弟，只是不清楚他们离家远行是为了游玩还是为了别的什么。幸运的是，他们的行动并没有受到妨碍。

然而，一到多佛，他们就引起了这里的市长的注意，所以继续前行是不可能了。多佛海峡将英格兰与欧洲大陆分开，多佛海峡最窄的那一段的北岸是多佛，南岸是法国的加来。多佛海峡毫无疑问是两国交流的要道。因此，多佛与加来的市长必须提高警惕，以防止政治犯或者其他犯罪分子逃逸，防范走私，阻止间谍或其他图谋不轨的敌人入关。最后，查理和白金汉公爵被多佛市长逮捕了。他们对市长说，他们的名字分别是汤姆·史密斯和杰克·史密斯。其实,他们一路上一直在用这两个化名。他们说他们来多佛是找乐子的,但市长非但不相信,反倒认为他们是企图偷渡到法国去跟人决斗的。决斗在当时蔚然成风。最后,他们不得不向市长坦白了:他们的真实身份是朝廷的高官,来这里巡视英格兰舰队。最终,市长同意他们乘船出国。

从加来上岸后,他们直奔巴黎。尽管他们还是那么小心谨慎地隐姓埋名,但他们通身的贵族气度与仪态却是"隐"不了的。到了巴黎后,白金汉公爵想让查理见

早期的巴黎

第二章 宗教战争及与西班牙联姻始末

见世面，就决定带他去参加宫廷宴会。宴会上，有几个女士引起了查理的注意，其中就有法国的亨丽埃塔公主。她美丽端庄，让查理很是倾心。查理绝不会想到的是，后来他娶的不是现在正追求的西班牙公主，而是眼前的这位公主，换言之，亨丽埃塔公主最后成了英格兰王后。

在巴黎久待是不安全的，于是查理和白金汉公爵离开了，并迅速向法国与西班牙的边境赶去。虽然他们真的很想隐藏自己的真实身份，但他们不知不觉透露出的贵族气度与仪态还是引起了人们的怀疑，这样一来，危险就不断增多。到了布尔多，他们接到了一些贵族发来的请帖，内容是邀请他们参加当地的一次盛会，但他们拒绝了，并且说他们只是贫穷潦倒的绅士，出现在这种大场面是不合适的。

最后，他们终于快到马德里了。除了柯林顿，他们还带了一个会讲西班牙语的随从，于是该随从就做起了翻译。进入马德里的前两天，为了不引起人们的注意，他们就与随从分开了。最后，他们比随从提前一天进入了马德里。当时，英格兰驻马德里大使是布里斯托尔伯爵，他负责两国联姻与恢复波西米亚公国的谈判，并且他认为他就快大功告成了。他住在马德里一处宏伟壮丽的宫殿里，这是大国招待使者的习惯性礼节。

白金汉公爵直接把查理带到了布里斯托尔伯爵的住处。布里斯托尔看到他们十分惊慌，说要完成婚约谈判，查理千万不能来马德里，现在他来了，没什么能比这更糟的了。查理一来，这件事之前所取得的一切进展，都会被打乱，西班牙国王定会重新开始谈判，所有的议题会被再次搁置。他还说他跟西班牙谈了那么久，现在眼看就要得到一个满意的结果了，查理王子却突然出现了，这实在不是个好事，所有的努力与成果都会付诸东流。

当时，西班牙以一丝不苟的宫廷礼仪而著称，实际上西班牙也一直很注重宫廷礼仪。西班牙国王一知道查理王子来了，就立刻开始准备，打算用最隆重的仪式欢迎他。国王在普拉多大街上举行了盛大的游行，普拉多大街在马德里，那里因为有河畔长廊、盛大的游行和各种公共展览会而出名。在马德里游行的时候，国王和查理王子走在一起，他把查理当作自己的王子们一样看待。游行时，他们的头上有个精美的大华盖，由许多地位显赫的贵族举着，大街上以及大街两旁的房子里的窗户旁、阳台上，都挤满了观众，他们都穿上了那个时代最华丽的礼服。游行结束，要进入宫殿大门的时候，他们稍微停了一会儿，因为要决定谁先进去，国王和王子都坚持要对方先进，最后他们两个一起进去了。

第二章 宗教战争及与西班牙联姻始末

如果说西班牙为王子举行的盛大的游行，让他得到了一些好处，即维护了他的自尊心，但同时也给他带来了一些不便，让他感到失望，因为游行使他没办法和公主交流。在这样的场合里，查理和公主见面或者交谈是不合规矩的，要等到一切都安排得更加妥当才可以。其实，按照西班牙的婚俗，新郎要想得到允许和新娘私下见面，一定要订过婚才可以。查理可以在人群里见她，但不能和她说话，当时她正和宫廷里的其他女人在一起。然而，虽然查理不能和公主私下见面，但他们尽量为查理创造在公共场合见到公主的机会。他们安排了表演，这时查理作为观众就可以看到公主，还安排了在比武场上拼刺或者赛马等一些查理擅长的运动，让他在公主面前表演。与他一起比赛的对手也不会不识趣地打败他，至少他的表演获得了大家的钦佩和称赞。

但查理和白金汉公爵并不是很愿意遵守西班牙宫廷的规矩。他们稍稍熟悉这里的生活后，就开始不受约束了。有一次，查理得知公主一早要去马德里附近的一处宫殿的私人游乐场地走走，他就决定去那里与公主悄悄见个面。于是他去了那所宫殿，想办法到了宫殿外围，并设法翻过了那堵隔着他和公主的高墙，这样他就进到了公主散步的宫殿。讲述这事儿的人并没有说明公主是高兴还是惊慌，但她身边负责保护她的一位年老的贵族军官十分惊慌，他请求查理回去，要是让人知道他允许他们两人见面了，他自己一定会受到很严厉的惩罚。最后他们打开了门，查理走了出去。很多人都欣赏查理王子的这种有点儿冒险的行为，以及查理和白金汉公爵做出的其他大胆的举动，但是宫廷里的贵族们十分不满。他们一向遵守礼法，对于查理和白金汉公爵的这些没有规矩的举动非常震惊。

此外，他们很快就发现，查理和白金汉公爵天性贪婪，行为不守规矩，尤其是白金汉公爵。白金汉公爵在国王詹姆斯一世面前一向大胆、跋扈，而且不知分寸，他都已经习惯了。现在，在西班牙，他不知不觉也犯了这样的毛病。他刚来时表现出来的那点儿拘谨和谨慎荡然无存，后来大家都开始排斥他。与此同时，谈判也像布里斯托尔所预料的那样被推后了。西班牙国王提出了新的计划，并考虑增加新的条件。天主教徒也认为，查理来到一个天主教国家，他自己就有点儿倾向天主教的信仰。确实，教皇也给他写了一封长信，想让他脱离新教，查理的回信客气礼貌，说确切一点儿，应该是闪烁其词。

与此同时，詹姆斯一世国王时不时地写一些很幼稚的信给他们，他在信里称呼他们为"他亲爱的男孩们"，

第二章 宗教战争及与西班牙联姻始末

他还派人给他们送去了很多珠宝和华丽的衣服，一些是让他们自己穿的，一些是让查理送给公主的。在其中的一封信里，他画了一个装在盒子里的小镜子，说这画可以挂在腰带上。他在信里告诉查理，让他把这画交给公主时，一定要告诉她，这画意味着美德的神力，带着这幅含有神奇的咒语、具备护身符性质的画，每当她看着它时，镜子里就会出现一幅公主的画像，而这位公主就是英格兰、法国和西班牙三个国家里最美丽的一位。

最终，缔结婚约面临的困难全都解决了，包括辗转难得的教皇的特许也拿到了，但是，西班牙国王又想要英格兰就天主教在英格兰的特权问题做出一些新的保证，借口说是为公主和她的随从们在到达英格兰之后争取更完整的权利，实际上，他大概是希望利用这次机会，在英格兰为天主教信仰赢得立足之地，因为英格兰几乎全是新教徒。无论如何，最后所有的困难都解决了，婚约也就确定了。这个消息传到英格兰后，大家都欢呼不已，因为这就意味着英格兰和西班牙这两个强大的国家结成了永久联盟。为了表达对这件事的敬意，伦敦举行了盛大的庆祝活动。他们特意为公主建了教堂，打点好一切就等她来，还派了一支舰队去接公主和她的随从。

然而，这个时候，虽然西班牙国王已经签署了婚约，但西班牙还是有很多人反对这次联姻。他们讨厌、鄙视白金汉公爵,认为查理几乎完全受到他的影响。他们说,他们宁愿看到公主躺在坟墓里,也不愿看她落到这些人的手里。他们的敌意彻底激怒了白金汉公爵,他决心要毁掉这门婚事。他给在英格兰的詹姆斯一世国王写信,说他不相信西班牙真的有履行婚约的意思,他们会找一切可能的借口来拖延这件事,而且他真的很担心,如果王子打算离开西班牙,他们就会将他扣留,并软禁起来。詹姆斯一世国王非常惊慌,内心充满了恐惧,他回信催促"小伙子们"立即离开,如果有必要的话就留下一个代理官员,完成婚礼。这正是白金汉公爵想要的回答,于是他和王子开始做准备,打算离开。

　　西班牙国王非但没有为难他们,而且在临别的时候还对他们极其尊重,并举行了隆重的仪式来为他们送行。他和西班牙所有的大贵族一直将他们送到埃斯库里亚尔,这是离马德里不远的一个著名的王室宫殿,那里的建筑及其装修都是那么美轮美奂、华丽辉煌。在这里他们举行了离别宴会和庆典活动,查理也跟公主告了别,布里斯托尔担任翻译,将他的临别演讲翻译为西班牙语,这样公主就听懂了。查理和白金汉公爵,还有许多跟随他们到马德里的英格兰贵族和随从一起从埃斯库里亚尔

埃斯库里亚尔宫

离开了,他们朝海岸赶去,那里已经准备好了一支舰队来接他们。

他们在一个叫圣安得烈的港口上了船。在离开大船,向前来接应的小船上转移的时候,他们差点儿被雷电交加的风暴打散了。躲过危险之后,他们安全地抵达了位于英格兰南部海岸的朴茨茅斯——英格兰海军最好的登陆地点,然后向伦敦赶去。他们命令留在西班牙的代理官员不许代理结婚,最终联姻失败了,双方互相指责对方表里不一、不守信用。然而,詹姆斯一世却非常高兴,因为他的儿子平安回来了,英格兰民众点起篝火、挂起彩灯来庆祝拒绝与天主教徒联姻,这高兴劲儿完全不亚于之前他们庆祝联姻成功的时候。如今,靠联姻谈判恢复领地的希望已化为泡影,国王开始准备出动军队,用武力夺回领地。

第三章

詹姆斯一世驾崩与查理登基

精彩看点

詹姆斯一世为战争做准备——詹姆斯一世生病——詹姆斯一世驾崩——查理继位——关于政府性质和职责的不同观点——遗传继承——财产权和王权——世袭继承权是不受限制的权力——英格兰的三种继承权——斯图亚特王朝时期——议会——美国的立法机关——议会的职责——下议院——卑微的地位——国王在议会的权力——国王的责任——詹姆斯一世给议会的信函——信函的语气盛气凌人——下议院的特权——国王的特权——查理一世与议会的较量——下议院现状——它的影响很大——旧形式仍然保留——国王继位的影响——所有职位都会换人——威斯敏斯特——斯特兰大街——萨默塞特宫——詹姆斯一世的葬礼——查理一世的婚事——壮观而隆重的婚礼——新娘来到伦敦——新娘的住所

詹姆斯一世的军事准备进展缓慢，因为没有议会的帮助，他没办法筹集资金。王子去西班牙的开支浩大，已经引起下议院的不满；加上宫廷开销，下议院就更不满了。此外，下议院认为国王准备发动的战争，不是为了国家利益，而是为了帮他的女婿复国，尽管国王真正的目的是支持大陆上的新教徒。

然而这件事情还没解决，国王就病倒了，白金汉公爵的母亲为他开了药方。由于白金汉公爵在西班牙表现出色，所以自他回国后，国王就越来越器重他了，甚至对他的恩宠超过了查理。因此，大家都认为白金汉公爵并不愿意他的老主人驾崩、新主人继位。他的母亲估计也是这样想的，但她的药方却让国王的病情加重了。国王在他的病房里举行了圣礼，并说他舒服了很多。一天早上，他派人去叫查理来见他，查理起床后，穿好衣服就来了。国王挣扎着想讲话，但他实在没有力气了，结果话没说出来就倒在枕头上驾崩了。

毫无疑问，现在的国王就是查理了，史称"查理一世"。英格兰百姓们相信，国王永远不会死。当国王停止呼吸的那一刻，上帝就立即将至高无上的权力赋予他的继承者。这种权力不受人类意志的影响而独立存在，换言之就是君权神授。查理在真正获得国家大权前，贵族和主教会选择吉日宣布他为国王，并为其举行加冕礼。然而，这些仪式不是意味着他已经是真正的国王，而是意味着他获得了贵族和主教的认可。从某种意义上来说，他的统治权和其他特权不是来源于这些仪式，而是来源于他的百姓。只有百姓们承认了他的统治权，他才算真正继承了上帝赐予的权力。

我们发现，对于政府的性质和职责，当时英格兰人的看法与当今美国人的看法大不相同。美国人认为，政府施政就像企业经营，百姓公选代表，由代表执掌权力。代表们会以百姓的利益作为基点行使权力，也就是说代表们就是为百姓谋福利的，就像企业管理者一样，他们对企业的所有者负责，不辜负人家的信任，努力完成人家的托付。但英格兰政府的权力是由斯图亚特王室行使的，所以王室成员享有豁免权和其他特权。这些特权不

晚年时期的詹姆斯一世

受任何人的影响。百姓们认为，他们就是斯图亚特王室的子民，应该受王室的役使，甚至认为王室有权这样。

乍一看到这样的观点，我们可能会觉得匪夷所思，但其实它是有道理的。查理的大臣会对所有质疑国王治国权力的农民说，国王的权力就像你们的那片土地，贫穷潦倒、饥肠辘辘的乞丐那么多，为什么你们就该有一片土地呢？因为那片土地是你们的祖先传给你们的，而那些乞丐的祖先却什么也没传给他们。这个道理对于国王同样适用，统帅海军和陆军的权力以及执法的权力都属于王权，这些是国王的祖先传给国王的，而你们的祖先并没有将这样的权力传给你们。

道理会令农民折服，但他们会强调，政府的执政理念应该是造福于民，所以首先要考虑的是如何为百姓谋福利；当造福于民的理念与王权世袭的原则发生冲突的时候，那么王权就应该向百姓的利益让步。

律师会这样回答，为什么王权要向百姓的利益让步呢？王权对于国王的重要性，就好比财产对于百姓的重要性。如果有人为了让你所在的教区获得更多的福利，就要求你把土地分给你所在教区的穷人，那么你肯定会说这些土地是你的祖先传给你的，是不会允许别人分享的。这个道理同样适用于国王，从而打消了他人分享王

第三章 詹姆斯一世驾崩与查理登基

权的妄想。

历代英王都拥有不受任何限制的基本司法权和特殊司法权。臣民们不能以任何理由——无论是温和的，还是蛮横的，妨碍和干扰英王的司法权，就好像私有财产继承权不受妨碍和干扰一样。实际上，那个时代的绝大多数人认为，在司法权和继承权中，继承权更为神圣。

事实上，儿子从父亲那里继承过来的权利，无论是财产、权力，还是社会地位，都不是先天的、与生俱来的、不可剥夺的，而是社会赋予的。这些权利由社会来赋予，既方便又合理。在英格兰，父亲在某些情况下将财产、社会地位和权力传给儿子，大体上被认为是合理的，但同时也有人主张限制这些权利，最多只支持财产继承权，而社会地位和权力的继承权则应废除，因为社会地位和权力的继承权不是不受限制的权利。他们还认为，可以根据百姓的真正利益和公共福祉，用一种大家习惯的权利来代替这两种权利。

斯图亚特王室的君主们，包括苏格兰玛丽女王、詹姆斯一世、查理一世、查理二世和詹姆斯二世，他们对于世袭的统治权均持非常极端的看法，决心不惜一切维护自己的权力，查理就是抱着这种心态登上王位的。在他统治时期，他做的最重要的事就是，为了维护自己的

登上王位的查理一世

第三章　詹姆斯一世驾崩与查理登基

权力而与英格兰议会斗争。这种斗争是直接的、漫长的，围绕权力展开的。读到这里，美国读者很容易误认为英格兰的两院议会和美国各级政府的两院立法机关一样。其实，在美国，首席法官的职责是执行那些明确成文的法律和条例，这些法律和条例由立法机关制定，不需要得到他的同意，也就是说，制定法律时，他无权干涉。因此，从一定意义上说，总统或州长是国家或州立法权的代表，负责执行立法机构制定的法律。

与美国不同的是，根据英格兰古老的宪法，英国议会只是一个顾问团体，国王召集议员为他出谋划策，并为他制定他想要的各种法律，同时帮助他向臣民征税和筹集资金。什么时候召开议会，全看国王的意愿。国王平时没有必要召开议会，当他需要大量资金，并且单靠自己又筹集不够时，才会召开议会。议会召开时，议员们都会来，因为他们认为有义务帮助国王。他们制定法律时，先要草拟好送国王预览；国王批准后，法律才会生效。说到底，立法权掌握在国王手里。如果他不赞成议员递交的法律，就会在羊皮纸上面写"国王需要再考虑一下"，这就意味着该法律被否决了。国王召集议员，会向他们谈论他的计划和他的政府，并说希望得到他们的帮助，然后就会让他们收税筹钱，而议员们会唯命是

查理一世处理政务

第三章 詹姆斯一世驾崩与查理登基

从,遵命行事。事实上,国王乾纲独断,他视议会为帮助他执法的工具。

议会由上议院和下议院构成。上议院由贵族和主教组成,其中贵族是王室中地位最显赫的人,主教是教会的各个教区的首领。下议院由各个郡县城镇的代表组成。下议院的代表们参加议会,不是因为他们掌握所在郡县城镇的权力,而是因为他们应该响应国王的召唤,为他提供帮助。他们的服务是无偿的,这是他们对国王应尽的义务。来自郡县的代表被称为"骑士",来自城镇的代表被称为"议员"①。当时,住在城镇里的大都是商人小贩,深受高傲的贵族的蔑视,所以"议员"的地位低下。议会召开时,国王先进入上议院,然后令下议院的议员进入。下议院的议员在进入上议院前要摘掉帽子,进入上议院后要站着听国王演讲。虽然下议院的议员在很多情况下低人一等,但他们的建议有时候也能发挥作用。当他们提出良好建议时,国王不会在上议院问询,而是故意改变地方,重新召见他们。

就像国王按照自己的意愿可以随时随地召开议会一样,他可以随时暂停或罢免议员的资格;可以令议会休

---

① 本书中的议员有两种涵义,一种是习惯性的统称,一种是特指城镇代表。根据史学家记载,城镇代表对英格兰资产阶级革命的爆发起了推动作用。——译者注

会，并遣散议员，而重开议会时，再将他们召回。议会休会到重开的这段时间称为"闭会期"。他甚至可以随时彻底解散议会，等到他需要议会出钱出力时，重选议员，再开议会。

国王打心眼里认为，议会的权力来自于他的授予。作为权力的所有者当然有资格在需要帮助时召集议员开议会，不需要帮助时遣散议员停止议会。总之，他只对上帝负责，对议员没有义务，议会的职责仅限于帮助他实现计划。至于黎民百姓，只要服从国王、对国王忠诚就行了。说到底，国王的想法就是君权神授、乾纲独断，而且这种想法完美地契合了英格兰的宪法原则和政府治国理政的原则。

在这里，我要引用一封詹姆斯一世临终前致议会的信，雄辩地说明了国王和议会之间的关系。

> 我的上议院神职议员、贵族议员以及下议院议员：在我的最后一届议会中，我做了很长的演讲。特别是对下议院议员，我说出了我心里真实的想法。但我可以以上帝的名义说，"我为你们奏乐时，你们不跳舞；我为你们惋惜时，你们没有哀叹"，我说的话对你们完全不起作

第三章 詹姆斯一世驾崩与查理登基

用。所以现在,我要说明召集议员开会是多么合理的一件事,请你们认真听好,因为我再不会浪费时间跟你们说废话了。议会的内部结构包括国王和两个议院。国王和两个议院就像头和身体一样。首先是国王,接下来才是上下议院。只有实行君主制的国家才有议会,而像威尼斯、荷兰以及其他一些实行民主制的国家就没有议会。对于身体来说,头是最重要的,这就好比对教会而言,主教是最重要的;对夏尔马而言,骑士是最重要的;对城镇而言,百姓是最重要的。上下议院共同的职责是帮助国王解决困难,向国王提出有益的建议。下议院的特别职责是体察民情,向国王反映百姓的疾苦,而不是私自干涉、妨碍王权。议会应该为国王提供必要的帮助,国王应该赏罚分明,宽容仁爱。立法权在国王不在议会,立法的目的古今一致,都是为了限制人们的不法行为。

在我有需要的时候,为我提供帮助。迄今为止,我在位已经18年了。虽然其间英格兰没有和别的国家爆发战争,但我得到的帮助却远少于任何一位英格兰国王。先女王伊丽莎白在位期间，每年可以得到10万英镑的补贴，年复一年，从未间断；而在我在位期间，我只得到过四次补贴，只要求议会征过六次税，此外，我再也没有麻烦过你们，而是尽可能地省钱。我的宫廷用度、海军军费以及军需开支都省了不少。

接着，他谈起了弗雷德里克领地，并呼吁议会为收回他女婿的领地而筹集军费，然后笔锋一转，继续说道：

据说，商品贸易比以前更繁荣了，但为什么一大批货币近八九年都没有进入市场流通？我承认我拨款有些随意，但如果你们告知我真实情况，我肯定会有所收敛，甚至改正错误。不过，我要提醒的是，任何想通过煽动民愤扬名立万的人首先必须要有撒旦的精神。我继位后，与第一届议会合作时，我还是个新手；在最后一届议会里，有些人很讨厌，大家管这些人叫"承办人"，他们十几个人控制着议会，约束着我。现在，我要感谢那些出色地工作的议员，也期望世人能称赞我们的团结一致。

第三章 詹姆斯一世驾崩与查理登基

　　这封言辞激烈的信，下笔时似乎没有经过深思熟虑，而是疾书而成的。如果放到现在，不管是国王还是总统，他要是给立法机构写这样一封信，肯定会引起轰动。

　　尽管如我们前面所说的那样——议会是国王的附庸，但随着时间的推移，议会还是渐渐获得了不少独立于国王的权力。英格兰百姓独立自由的意识非常强烈，但美国人来到这里并想了解这里时，一般都会吃惊地发现他们很难了解到什么。下议院的议员一直默默忍受着国王和上议院的歧视，但在获得某些权力后就开始宣称这些权力只属于下议院，并且努力维护既得权力。比如，他们宣称只有下议院有权向百姓征税，并且这种权力就像是国王拥有王位的权力一样独一无二、不可剥夺；他们还宣称拥有向国王请愿的权力。通过请愿，他们要求国王纠正自己的错误，从而让百姓免受国王暴政带来的苦难。征税权、请愿权以及其他他们所宣称的权力一起被称为"下议院的特权"；而国王的权力，则被称为"国王的特权"。下议院一直在为明确、维护甚至扩大特权而努力，国王亦然。查理一世在位期间，围绕权力的问题与下议院争斗不停，最后发展到近乎疯狂的地步。这种争斗从查理一世继位就开始了，并一直持续近四分之一个世纪，最终的结果是，国王不仅失去了所有的特权，还搭上了性命。为了搞清楚这件事的前因后果，我在这里有必要继续像前文那样解读议会的性质。我们把它称为"斯图亚特王朝时期的议会"。但为了免去读者对现在英国议会的误解，我们必须补充说明，虽然它的组织形式表面上跟斯图亚特王朝时期一样，但实际上它的性质、权力以及职能都发生了巨大变化。斯图亚特王朝时期，下议院的议员受尽了歧视，他们甚至不配坐着听国王讲话；但现在的议会却统治着整个国家，成为古往今来权力最大的机构。议会决定谁来管理政府，以什么样的方式管理政府；议会制定法律，解决商业贸易方面的问题，决定是战是和。总之，议会大权在握，而国王却变得有名无实了，他们有时在王家公园里骑骑马，有时待在宫殿的客厅里，有时参加华而不实的游行。实际上，英国议会比其他政府机构更深远地影响了人类的历史进程。迄今为止，议会已经存在五个世纪了，有可能会存在十个世纪。革命可能会威胁欧洲其他国家议会的权力，但绝不会撼动英国下议院的地位，就像在接下来的五到十个世纪人类一定会存在一样。

虽然现在的英国议会的权力之大是空前的，但下议院的议员们依然默默地忍受着各种歧视，这真是社会上最奇怪的现象之一。当英王下令各选区选出代表组成议

第三章 詹姆斯一世驾崩与查理登基

会的时候，那些被选出来的下议院代表的自卑就表现出来了。他们自卑地走进上议院，向国王脱帽致敬，并站着聆听国王的指示。他们进言献策时既恭敬又勤恳，别人一看就觉得他们正全心全意地忧劳王事。他们只有向国王提出合情合理的忠告的权利，没有做决定的权利，甚至他们是不是有必要存在也全由国王说了算。这种情况可能会随着客观条件的改变而改变，但目前来看在接下来很长一段时间里大概会继续保持。

根据前文所述，老国王驾崩后，新国王继位了，新国王为了获得权力，就会撤换老国王健在时任命的议员，这是一种不成文的规矩。这种规矩充分表明议会其实是国王的工具和附庸。一旦国王驾崩，他的议会也就不复存在了。新国王为了落实自己的施政纲领，一定会重组议会。除了议会，新国王也会调整其他机构。然而，由于时间仓促，重新任命全国所有官员既不便也不可能做到。于是，国王通常会让大部分官员恢复原职。查理一世也是这么做的。他在父亲驾崩两天后，为了确保政务处理不中断，就下令枢密院和法院的官员以及所有驻外大使全部恢复原职。这也是他继位后下的第一道命令。接着，他下令重组议会，并开始准备父亲的葬礼。当时，国家的政务均在威斯敏斯特镇处理。这里的大教堂和修道院建在离伦敦不远的西面的泰晤士河口附近。威斯敏斯特镇经斯特兰大街通往伦敦。斯特兰大街沿泰晤士河岸向前，快到伦敦时有一个大门，称"坦普尔门"，因伦敦城里那个叫坦普尔的建筑而得名。随着时间的推移，伦敦城开始向西扩展，斯特兰大街从而变得非常繁荣，两侧遍布商铺。威斯敏斯特镇到处都是贵族的宫殿。虽然伦敦的辖区仅限坦普尔门以内，但威斯敏斯特镇现在却被称为"伦敦西区"。

泰晤士河岸上有个叫"圣史蒂芬"的大教堂，查理一世的第一届议会就在这里召开的。圣史蒂芬大教堂附近有"圣詹姆斯宫"，是国王的一座宫殿。圣史蒂芬大教堂历史悠久，是历代英王埋骨之地，现在已有多位英王在这里长眠。詹姆斯一世的妻子，也就是丹麦的安妮公主，她的宫殿也建在泰晤士河岸边，斯特兰大街不远处。她活着的时候，为了表达对故土的思念，就一直叫它"丹麦宫殿"，现在已经改名为"萨默塞特宫"了。

詹姆斯一世的葬礼办得很隆重。他的梓宫要从萨默塞特宫运到威斯敏斯特修道院下葬。送葬的队伍浩浩荡荡。查理一世担任主祭，他的两侧各有一位伯爵。查理一世的长袍的裙裾很长，由12个贵族托着。最后，这次葬礼的全部花费相当于现在的20万美元。

圣史蒂芬大教堂,绘于 19 世纪

圣詹姆斯宫,绘于 19 世纪

查理一世

现在我要讲讲查理一世的婚姻了。当初,他的父亲詹姆斯一世意识到与西班牙联姻是不可能的了,就立即和法国国王谈判,为查理一世求娶法王的女儿亨丽埃塔·玛丽亚。经过一段时间的协商,两国做出了妥善的安排,并签订了婚姻协约。这时,詹姆斯一世的葬礼办完了,

少女时期的亨丽埃塔·玛丽亚

第三章 詹姆斯一世驾崩与查理登基

查理一世开始考虑迎娶自己的新娘了。不久，他就派一位贵族官员去迎亲，并代他在巴黎举行婚礼。查理一世和亨丽埃塔·玛丽亚已经得到教皇的特许，因为不管是亨丽埃塔·玛丽亚还是西班牙的公主，都是天主教徒。当时，法国贵族的婚礼都在著名的巴黎圣母院举行，这次也不例外。70年前，查理一世的祖母苏格兰的玛丽女王也是在这里与法国的王子举行了婚礼。

教堂的祭坛前是一块开阔的场地，场地上建着一个台子，台子上挤满了赶来观礼的群众。美丽的公主与查理一世的代表结了婚，但对于查理一世本人，她只是听说过，但从没见过。当初，查理一世去西班牙的途中，虽然一天晚上他和公主参加了同一场宴会，但她不可能注意到他。

查理一世已经派白金汉公爵率船队去接他的新娘了。船队停在多佛对面的布伦港。公主告别了巴黎的宫殿，踏上了她的旅程。得到这个消息后，查理一世就赶到了多佛。

白金汉公爵接上公主后就从布伦出发，第二天到了多佛。公主因为晕船，身体变得虚弱不堪。国王接到新娘后，乘车去了坎特伯雷，次日到了伦敦。为了迎接国王和他的新娘的到来，伦敦城做足了准备。

不幸的是，伦敦正爆发瘟疫，城里的繁荣不再，百姓们惊慌失措。国王离开的这段日子，疫情变得更严重了，人们提心吊胆，焦虑不已，最后只得取消了欢迎王后的宴会。于是，王后静静地去了威斯敏斯特镇，住进了萨默塞特宫。萨默塞特宫曾是先王后的居所，为了迎接新王后，仆人们已经把宫殿打扫干净。值得一提的是，萨默塞特宫里建了一所天主教堂，以便王后像以前一样享受宗教服务。

第四章

白金汉公爵之死

精彩看点

白金汉公爵对查理一世的影响——所有事都是以国王的名义进行——枢密院代表国王——枢密院的构成与职能——对王权的限制——新议会在牛津召开——查理一世与议会之间的分歧——议会的要求与查理一世的回答——查理一世和下议院都错了——查理一世答应了一切——查理一世没有诚意——下议院不满——解散议会——重组议会——国王的诡计——再次解散议会——国王和议会之间的裂痕越来越大——弹劾白金汉公爵——国王再次解散议会——白金汉公爵鲁莽的行为——圆形联名抗议书——英格兰舰队返回——征讨西班牙——白金汉公爵异乎寻常的愚蠢——征讨的灾难性结果——白金汉公爵与黎塞留的争吵——决定宣战——法国仆人被解雇——远征法国失败——另一个计划——暗杀白金汉公爵——查理一世一点儿都不伤心——白金汉公爵的纪念碑——举国上下诅咒白金汉公爵

1625年，查理正式开始统治英格兰，在位大约24年。如果我们把查理一世的统治时期分为三个阶段，就会有助于读者清晰地了解他的整个统治生涯。第一个阶段，时间大约是4年。其间，查理一世和议会都参政，但双方耍阴谋、使诡计，想方设法争权夺利，致使他们之间的矛盾不断激化。最终，查理一世决定解散议会，并独掌国政。至此，国王和议会的关系彻底破裂。第二个阶段，时间持续了10年，其间没有议会，查理一世独掌国政。第三个阶段，查理一世下令重开议会，但很快议会就开始反对王权，成了查理一世的眼中钉。总之，前4年，查理一世和议会之间的权力斗争开始发酵；接下来的10年查理一世取消了议会，乾纲独断；查理一世统治的最后10年，英格兰内战爆发。

在第一个阶段，政务方面的主要负责人是白金汉公爵。那段时间,他对查理一世的影响很大。他做的一切要事虽然都是打着国王的名义,但体现的却是他自己的想法。事实上,举国上下都知道白金汉公爵专权。于是,臣民们义愤填膺,认为白金汉公爵做事肆无忌惮、品行低劣、冲动鲁莽,竟还对国王的影响这么大,有这么大的权力来干预国家大事、危害国家利益,简直不可思议。

根据前文提到的英格兰王权的独裁程度,读者肯定会认为政府的日常事务都直接由国王处理。然而,每天要处理的事务成千上万,如果只靠国王一个人,想搞清楚这些事务都不可能,更别说直接处理了。于是,行政方面的各种办公室、机关部门就应运而生了,而国家的一切日常事务就由它们来处理。海军的运转犹如国家的运转,不同级别的海军军官、海军的管理规定、各种记账簿、各个部门补给供应的安排……构成了一个庞大的系统。不管国王是不是亲临,是不是生病,是不是在世,这个系统都会有条不紊地发挥作用。其实,陆军、宫廷和政府的运转大致也是如此。虽然政府的公务十分繁杂,但在谨慎认真的官员们的管理下,政府还是有秩序地运转着。这些官员会根据以前的规定和惯例来处理政务;当然,在大多数情况下,处理政务也离不开他们的智慧。

然而,政务都是以国王陛下的名义来处理的。军舰

白金汉公爵与家人

是陛下的，法院是陛下的，战争是陛下发起的，海军将领是陛下的仆人。实际上，数以千计的官员不管是什么级别，都是国王的仆从，他们所做的一切都要遵照国王的意愿。他们帮国王管理政府，就像国王能够亲自处理每件政事一样。当然，他们还要受到国家法律、风俗的限制，并且要考虑以前的国王与他国签署的协议。虽然政府表面上是在遵守国王的命令，但其实跟国王几乎没有任何关系。如果国王没有直接干预，那么政府会循序渐进地落实国王的命令。

或许有人认为国王毫无疑问应该拥有至高无上的决定权，至少作为国王，他有必要拥有这种决定权。一些国王曾这么尝试过，但有时国王太年轻而缺乏治国经验，有时生病、驾崩、软弱、懒惰、沉迷于声色犬马而不理政事。因此，君主制国家渐渐形成一个传统，即设置枢密院，枢密院的所有官员由国王任命，代替国王处理一切政务，但需要国王亲自处理的政务除外。

枢密院是英格兰非常重要的机构，其职责、功能跟上下议院完全不同。枢密院代表国家，而议会是国王授权组织的，专门向国王提供建议。此外，枢密院还代表国王，它是国王的枢密院。枢密院的官员代表国王处理政务，遵奉国王的一切命令。他们可以做出任何决定，

一幅讽刺漫画：国王的枢密院

也可以颁布任何法令，国王只要签字即可，并且国王从来没有质疑过他们。国王签字后，这些就相当于国王的命令了。当然，枢密院也会组织开会，也有事务性工作人员、会议记录、办公程序及其他各种规矩，这些规矩渐渐地变成了法律或权力。不过，从理论上讲，枢密院只是一个更加全能的国王而已。它就像一个人造机器，虽然长了很多头和手，但它的思维和灵魂却是国王的。总之，任何一个正常的国王不可能处理如此繁杂的政务，查理一世也不例外，因此他也有自己的枢密院。除了他必须亲自处理的政务外，其他政务都由枢密院处理。枢密院的官员才华横溢，执政经验丰富，白金汉公爵就是其中的一位。他不仅受封为英格兰海军上将，担任海军最高军事长官，而且在枢密院供职，这真是无上的荣誉啊！

查理一世的枢密院设置后，就开始处理一切政务，做出一切决策，查理一世甚至不会派人监督枢密院。有时，查理一世也会或多或少地影响枢密院的工作，但他发现他的想法要么不合规矩，要么违背传统，当然这些规矩和传统后来也渐渐变成了法律。

比如，查理一世执政后迫切希望尽快发动战争，以便帮助姐夫弗雷德里克收回丢失的波西米亚公国。开战首先得有钱，但他偏偏缺钱，这令查理一世很尴尬。于是，为了尽快筹到钱，他希望可以继续使用先王詹姆斯一世的议会，但他的枢密院告诉他，这样做行不通，因为那是先王的议会。如果他想要获得议会的帮助，就必须由他的臣民选出一个新的议会。

新议会选出来后，查理一世给新议会写了一封信。他在信里很有礼貌地解释了这么急着组织议会和筹钱的原因。先王生前已经让政府负债累累，而先王的葬礼、自己的继位和大婚又花了不少钱，尽管如此，政府仍然要发动战争，因为这是先王的决定，并且已经得到上届议会的认可，加之盟友也确定了，所以箭在弦上，不得不发。因此，他敦促议会从速提供必要的支持。

议会原定于6月在伦敦召开，但伦敦瘟疫肆虐，所以会址就改到了牛津，时间推迟到8月初。牛津位于泰晤士河畔，无论是当时还是现在，这里都分布着多所大学。尽管这些大学离得很近，属于同一个教育体系，但各大学的内部管理是独立的。其中有所大学现在仍然很有名气，它就是基督教会学院。基督教会学院的建筑中有个一百多英尺长的大厅，造得高大宏伟，十分气派，现在仍然吸引着来牛津的游客。这个大厅就是召开议会的地方，查理一世在这里会见了上下议院的议员。他首先做了演讲，接着大臣们对发动战争的事情各抒己见，并委婉地督促议会尽快做出决定。

随后，上下议院分别开始商议，商议的结果是不仅拒绝了国王的建议，而且向国王递交了一份请愿书，请愿书上罗列着一长串他们认为国王应该纠正的问题。这些问题几乎都在抱怨国王，说他因为娶了一位天主教的妻子，就开始对天主教徒变得宽容甚至是支持。王后有天主教堂，还有天主教仆人。王后来到英格兰后，她和白金汉公爵对国王的影响非常大，朝廷格局发生了很大的变化。她深受社会各阶层天主教徒的欢迎。下议院抱怨的事情归根结底全是因为这个引起的。查理一世挨个儿做出回应，并承诺改变。他没有详细回答这份请愿书里提出的问题。实际上，争议会导致他和臣民之间的关系紧张，所以他最明智的选择是简要地回答请愿书里的部分问题。

下议院的议员们说，他们已经了解到天主教牧师以及其他天主教徒正在进入英格兰神学院教师的队伍，所以希望采取一些明确的措施来考查所有神学院教师候选人，将那些不是新教徒的人清除。

查理一世说："我同意你们的说法，我会通知大主教和所有的管理人员这么做。"

下议院的议员们说："应该做出更有效的安排，任命一些有能力而且虔诚的人在教堂工作，这些人要为传播福音贡献力量，绝不能像以前那样任人唯亲——他们占着职位白领薪水，有时甚至一个人担任几个职位。"

国王对这个问题做了一些解释，并承诺以后就按他们说的做。

下议院的议员们说："不许送孩子出国去接受天主教神学院教育的法律应该严格执行，这种行为要坚决禁止。"

国王说他同意，他会通知海军司令以及驻守在海岸上的所有海军军官仔细盘查，禁止所有的孩子出国去接受天主教神学院的教育。此外，他还会发表声明，命令所有在欧洲大陆的贵族子弟在指定的日期内返回英格兰。下议院的议员们说，任何不信奉新教的人都不能进入宫廷为国王服务；而英格兰的天主教徒也不能为王后服务。他们虽然无法干涉王后雇用法国仆人的行为，但很清楚英格兰的天主教徒占据薪酬丰厚的要职并为王后效力，这严重损害了英格兰的新教事业。

国王同意了，但找借口提出了一些条件。下议院的议员们说，所有效忠罗马教廷的传教士和天主教神父都应该根据法律驱逐出国，如果他们不肯走，就应该被囚禁，而且要单独囚禁，免得他们向别人传播宗教言论。

国王说这个问题可以按照法律解决。

以上这些是国王对议会所提部分问题的回答，除了这些还有很多，但内容都差不多，都是想办法消除天主教对英格兰朝廷的影响及其优势，这些影响和优势都是通过年轻的王后以及她身边的仆人渗透到朝廷，再通过朝廷渗透到整个国家的。按照现在的观点，当时下议院的做法是受到谴责的，因为他们反对的主要是朝廷对天主教的宽容；而查理一世也受到了谴责，因为既然以前的国王已经一致同意并制定对天主教的法律，他就不应该因为受到一个外国新娘和一个难成大器的宠臣的影响而违反甚至践踏这些法律。

查理一世有可能认为他以前真的错了，也有可能他的回答都是枢密院为他提前拟好的，不管怎样，他同意了下议院议员们提出的所有要求，不但答应了每件事，而且还比他们想得更加周到。然而，从各个方面来看，这些答案实际上都是枢密院为他拟好的，他自己并没有诚意。他和白金汉公爵非常渴望得到帮助。白金汉公爵是舰队司令，特别想扩大海军的力量，目的是建立边功。虽然查理一世是口头答应议员们的，但无论如何他是答应了。不久，下议院的议员们再次被召入基督教会学院的大礼堂，然后朗读了国王答应的条件。白金汉公爵试

青年时期的亨丽埃塔王后

图安慰下议院议员们,博得他们的好感,于是发表了长篇演说,为他之前的所作所为做了解释,并且还为那些大家认为他做错的事道了歉。

随后,下议院的议员们回到了他们之前议事的地方。他们对查理一世的承诺并不满意,因为他们不仅想得到他的承诺,还想得到其他的一些东西。他们中的一些人同意帮助国王,"感谢陛下仁慈的回答",其他人却不这么认为,而是认为没有必要筹集资金发动这次对外战争,因为他们在国内的敌人——白金汉公爵和天主教徒更难对付。而且如果国王停止铺张浪费的奖励与授爵,资金就不会短缺了。总而言之,大家争论不休,最后不了了之。过了几天,查理一世派人给议会送去一封信,催促议会做决定。议会给查理一世回寄了一封信,说议会不打算筹集资金。但信中的语气极其谦虚,称查理一世为"敬畏的陛下",自称"卑微的下议院"。查理一世很不满,于是解散了议会。当然,议员们立即就变成了普通公民,回到了各自的家里。

查理一世尝试利用他的特权筹钱,但没有任何效果,所以重组了新议会,并且采取了一些特殊的措施来预防那些他认为会反对他的计划的人。布里斯托尔伯爵是上议院的重要成员,白金汉公爵很嫉妒他,一直将他当成

第四章 白金汉公爵之死

自己的对手。查理一世和白金汉公爵一致决定避开布里斯托尔伯爵,直接发出诏令召集上议院开会。布里斯托尔伯爵请求保留他的席位权,查理一世便打发人去给他送了诏令,却以国王的身份命令他不要参加会议。他在下议院里选了四个非常有影响力的人——这些人全是他认为会反对他和白金汉公爵的,并授给他们官职。他们

布里斯托尔伯爵

要去赴任,所以必须离开伦敦。当时,国王有权命令臣民,而他们必须无条件服从。查理一世希望通过这些手段,削弱议会里的反对力量,进而获得大多数人的支持。但他的计划没有成功,这些措施只是激怒了议会。在与新议会进行了一系列斗争后,查理一世解散了新议会。

这样的状态持续了四五年,国王和臣民之间的裂痕越来越大。在这段时期内,查理一世一共重组了四次议会,但经过激烈的斗争后,所有议会都被解散了。分歧产生的根本原因是天主教的势力不断膨胀。此外,查理一世越来越肆无忌惮。他利用自己的特权,不断做出一些议会认为不合规矩的事,企图干涉议会的自由。

国王,说得更确切一点儿,是白金汉公爵以国王的名义,采取了各种各样的手段来干涉议会。一直以来,如果上议院有成员缺席会议,那么缺席的成员就可以授权他的任何一个议员朋友来代他投票。这种授权被称为"代理权",这个词大概是从"代理"一词演变而来的,它是指代替或者代表别人做事的行为。白金汉公爵诱导上议院很多议员将他们的代理权交给他。他通过奖励以及其他手段诱惑他们,结果很多人抵抗不了这些诱惑都答应他了。曾经有那么一段时间,他甚至得到三四十个议员的代理权。这样一来,上议院要是有问题需要投票,

17世纪20年代的查理一世

白金汉公爵就有了连投多票的权利。上议院对这种事抱怨不已,最终制定了一条法律,规定任何议员最多能使用两个代理权。

  查理一世执政期间的一届议会对白金汉公爵提出了弹劾,并列举了多条罪状,关于这个问题大家又争论了很长时间。所有的控诉都是针对白金汉公爵的,而且大部分控诉都是确有其事。不少议员认为,应该治白金汉公爵乱政之罪。面对议员们对自己宠臣的谴责,查理一世忍无可忍,就命令他们停止讨论,立即着手他们的工作——筹集资金,否则他会像以前那样解散议会。他提醒他们,议会完全"掌握在他的手中,他既能召集他们开会、商讨大事,也能决定要不要解散议会,他觉得他们虽然有时失职,但整体上做得还不错,否则他早就解散议会了。如果他们改正错误,尽到责任,他就会原谅他们犯的错误,否则他们就会自食恶果。"

  查理一世的这些话非但没有让议员们醒悟,反倒激怒了他们。下议院坚持弹劾白金汉公爵,于是查理一世下令逮捕了那些领头的人,并将他们监禁起来。下议院议员们集体抗议,要求国王罢免白金汉公爵。可是国王不但没有罢免白金汉公爵,还想办法任命他为剑桥大学的校长,这可是非常高贵的职位。下议院议员们继续抗

第四章 白金汉公爵之死

议。国王为了报复,解散了议会。

这样一来,事情就变得糟糕了。几乎所有的事都因为白金汉公爵的鲁莽、武断而起,最后变得一团糟。白金汉公爵依然为了达到自己的目的,不顾国家的利益,利用自己的权力肆无忌惮地行事,给国家带来无法弥补的损失。一次,他下令舰队的一部分战舰驶向法国海岸,帮助法国作战。海军将士们以为他们是被派去帮助法国对付西班牙人的,可是去了以后才发现,他们不是去对付西班牙人,而是被派去帮法王攻打法国的一个叫罗谢尔的镇子。这个镇子里住的都是新教徒,所以士兵们纷纷抗议,请求他们的指挥官不要强迫他们去攻打新教徒同胞。他们写了抗议书,被称为"圆形联名抗议书"。

圆形联名抗议书就是一种签名者不分先后、避免受责的抗议书或者请愿书。舰队的指挥官收到圆形联名抗议书后并没有生气,而是调查事实,发现情况真的就像抗议书上所说的,于是不顾法王的命令,率领舰队返回了英格兰。他说宁愿被绞死在英格兰,也不会服从法王让他攻打新教徒的命令。

白金汉公爵本应该知道这种宗教精神在英格兰是不可忽视的,但他却熟视无睹,只想着取悦、满足法国政府。因此,当舰队抵达英格兰时,他断然命令舰队返回,而且使用各种借口，不惜歪曲事实，告诉他们不是去攻打新教徒。于是，舰队又回去了。但回去之后，士兵们却发现白金汉公爵欺骗了他们。最后，在驶向罗谢尔的途中，一艘战舰不顾命令返回了英格兰。其他战舰见状，纷纷效仿，悉数返回了英格兰。英格兰人民大都支持海军将士，谴责白金汉公爵盲目、鲁莽的行为，抱怨国王不该给白金汉公爵这么大的权力，让他胡作非为，弄出这么大的闹剧。

一次，查理一世和白金汉公爵决定派一支八十艘船组成的舰队袭击西班牙海岸。但在为这次行动筹集资金时，他们遇到了巨大的麻烦。因为他们是靠国王的特权，而不是通过议会的权力来筹集资金的，而且为了筹集资金他们不择手段。这样一来，舰队还没出发，举国上下民怨沸腾。白金汉公爵似乎还嫌情况不够糟，在任命指挥官时无视所有海军将领，重新任命了舰队司令。该司令虽然陆战经验丰富，但对海战却一无所知。

将士们都认为白金汉公爵应该亲自担任舰队司令，否则就应该从原来的海军军官中选任，因此当舰队出发时，他们对白金汉公爵任命的司令气愤不已。此次海战的结果也是惨不忍睹。他们明明有机会偷袭一些敌舰，如果偷袭成功，那么战果是丰硕的，但舰队司令既看不

17世纪英国海军的军舰

出战机,也不敢偷袭。最后他下令登陆,去攻打一个城堡。海军将士们在城堡里发现了大量藏酒,于是就开始狂饮,顿时整个队伍乱得一塌糊涂。舰队司令不得不命令他们立即登船、撤退。不久,他计划拦截西班牙大帆船。这种大帆船是西班牙人用来从他们占有的美洲矿山上向本土运输白银的。但经过反复考虑,他决定放弃拦截。原来,他觉得瘟疫在舰队暴发,所以他带领舰队返回了英格兰。这时,整个舰队残缺不全、组织混乱,士气很低落,将士们都因为战败而感到耻辱。英格兰人民要求白金汉公爵为此事负责,但查理一世还是赦免了他。这是国王的特权,别人反对无效。

过了一段时间,白金汉公爵和法国首相黎塞留因为私事儿吵了架,于是他决心让英格兰同法国开战。如果英格兰向法国开战,会改变英国的国际地位,也会使法国从朋友变成敌人。这是一件大事。任何有这种想法的人都要三思,绝对不能轻率决定,何况只是因私事吵架!但他偏偏就这么做了。虽然只有国王有权决定国家的战和大计,但查理一世现在已经完全被白金汉公爵蒙蔽了。

白金汉公爵用尽一切办法恶意煽动查理一世,其中一个办法就是让查理一世疏远王后。他告诉查理一世,王后的法国仆人对他简直一点儿礼貌都没有。最终,他

法国首相黎塞留

说服查理一世把他们全部送回了法国。事情的经过是这样的。一天，查理一世去了王后的萨默塞特宫——在欧洲各国王室，丈夫和妻子各自拥有宫殿是一种传统。查理一世要求王后把她的法国仆人全部叫过来。他们过来后，查理一世告诉他们，他已经决定将他们送回法国。他强调，他们中有些人很懂规矩，但有些人粗鲁、冒失，所以决定将他们送回法国。法王一听到这个消息，就扣押了英格兰停泊在法国港口的120艘船作为对英格兰的报复。法王说英格兰这么做明显违反了婚约。英格兰也的确是违反了婚约。在这种情况下，查理一世对法国宣战了。议会没有参与这件事，因为前一阵子的不愉快，查理一世已经将议会解散了。现在，所有政务都由他决定。他没有让议员提一些如何备战的意见，而是让枢密院用国王的特权去筹集资金，结果却惹出了很大的麻烦。尽管人民坚决反对纳税交钱，但枢密院还是筹集到了一些资金，招募了7000士兵，组织了一支100艘船的舰队。白金汉公爵之前任命的舰队司令不受将士们欢迎，所以这次他决定亲自担任舰队司令。白金汉公爵率领大军出发了。接下来，他愚蠢鲁莽，指挥脱离实际，导致7000大军和100艘战舰漂泊在潮水大涨的英吉利海峡里，因此，结果一猜便知了。三个月后，白金汉公爵返回了英

第四章 白金汉公爵之死

格兰，只带回了三分之一的军队和战舰，其余的都在大海上失踪了，而且这次远征无所作为。毫无疑问，白金汉公爵的行为引起了公愤，大家纷纷要求惩罚他。

但白金汉公爵还像以前一样趾高气扬。不久，他又组织了一支舰队，准备再次担任舰队司令，率舰队出航。于是，他去了朴茨茅斯。朴茨茅斯是英格兰水深面阔的军港，位于英格兰南部海岸。这里有个叫菲尔顿的人，是上次随白金汉公爵远征法国的一位军官，他对白金汉公爵的一些指挥极其不满。后来，他发现原来几乎每个英格兰人都憎恨白金汉公爵，所以果断决定为民除害。于是，他就拿着刀进入白金汉公爵的官邸等待时机。白金汉公爵出来了，他刚才与几个法国人产生了争执，这时生气地和他们说着什么。就在白金汉公爵从他身边经过时，他拿刀刺向了他，然后刀都没有拔就跑了，结果根本就没人注意到行刺的人是谁。白金汉公爵拔出了刀，然后倒在地上就死了。旁边的几个人打算抓住其中的一个法国人，只见菲尔顿走出来说："是我刺的，你们抓我吧，不要让无辜的人遭罪。"于是他就被带走了。他们在他的帽子里发现了一张纸条。纸条上写道，他刺杀白金汉公爵是为了为国除害，做这样一件伟大的事情，牺牲性命在所不惜。

此刻，查理一世就在四英里外的地方。获悉白金汉公爵遇刺身亡的消息后，他显得一点儿都不关心，只是说妥善看管凶手，舰队按时开拔。后来，他下令为白金汉公爵办一场隆重的葬礼。

负责官员说葬礼只是一时的，不如给白金汉公爵立一座纪念碑，这样不但可以永远纪念他，还能节省一半资金。查理一世同意了，随后就和他谈起纪念碑的事儿。负责官员又说，陛下您没有给自己的父亲立纪念碑，现在却要给白金汉公爵立纪念碑，世人会怎样议论您呢？最终，为白金汉公爵立碑的事儿也就没有下文了。白金汉公爵死后没有纪念碑，有的只是全国人民的咒骂。

第五章

征税与政局动荡

精彩看点

筹集资金遇到困难——查理一世的资源——筹集资金的方法——议会被解散——政府查封了一位议员的家产——下议院里的争吵——下议院拒绝接受查理一世派来的官员——议员们被囚禁——查理一世在上议院——查理一世关于解散议会的讲话——查理一世决定不开议会——强迫贷款——垄断生活必需品——吨位费和手续费——船税——船税的起源——约翰·汉普登拒缴船税——审判约翰·汉普登——约翰·汉普登被迫缴税——组建新舰队——对付鲱鱼帆船——星法院法庭——陪审团审判——星法院法庭里没有陪审团——星法院审判的罪行——星法院名字的由来——星法院权力很大——巨额罚款——国王的森林——攻击查理一世和贵族们的罪行——一位先生因为不忍侮辱而被罚款——压制人民的抱怨——苏格兰王国——访问苏格兰——在苏格兰加冕——查理一世回到伦敦——越来越多的不满

在没有议会的情况下，治理国家最大的困难就是筹集资金的问题。根据英格兰的传统和法律，只有下议院才有权力向人民征税。白金汉公爵在世时，查理一世和枢密院多次组织议会的目的就是让议会筹集资金。不过，查理一世发现每次组织的议会都只是不停地抱怨政府，却没有为他筹集资金。当想尽办法却没有如愿以偿时，他就会解散议会，然后使用自己的资源来筹集资金。

查理一世拥有一些资源——庄园及其他财产。它们分布在英格兰四个地方，都属于查理一世。庄园的收入都归查理一世支配。尽管如此，查理一世还是没能筹到足够的钱。于是，他就用先王们在紧急情况下用过的某些方法来筹钱。虽然这些方法偶尔才用，但这种例子加起来仍然很多。查理一世暗忖，既然先王们可以用，那么他也可以用。

然而，臣民们却认为先王们那些筹钱的方法是违规的。于是，他们就否认查理一世拥有用这些方法筹钱的权力，并频频制造麻烦，阻挠查理一世的行动。最终，查理一世不得不重组议会，从而借助议会的力量筹钱。然而，事与愿违，筹钱的效果很差。最终，他决定彻底解散议会，强制臣民们交钱。

议会里有个叫罗尔斯的议员，因为他拒绝缴纳一些不合法的税，所以他的一些私人财产被查封了。当时，英格兰的法律规定议会议员的财产权是神圣不可侵犯的。议会召开期间，不管是政府官员还是国王都不能侵犯议员的财产权。因此，下议院认为查封议员的私人财产，就等于侵犯了全体议员的特权，于是他们抓住这件事不放，要求国王惩治那个查封议员财产的官员。

议员们正在议论纷纷，这时钦差来了，说查封罗尔斯财产的官员是奉了国王的命令。议员们大怒，在他们看来，查理一世揽下责任无异于与议会闹僵了。议员们问查封罗尔斯财产的那位官员："查封罗尔斯的私人财产是不是侵犯了议员们的特权？"他拒绝表态，说自己奉国王的命令，不用表态。议员们愤愤不平，当即决定休会两天。休会的目的大概是制订对策：如果他们的特权被侵犯，他们该怎么应对。

查理一世在位期间发行的货币,上面的人物头像为查理一世

第三天，议员们见面了，准备继续让国王的发言人表态。但当议员们准备问发言人的时候，发言人却说得到国王的命令，要求议会休会一周，而且他不用做任何表态。就在发言人起身准备离开时，有两位议员走到他跟前，让他待在原地，然后开始宣读议会的决议。这时，场面开始混乱。有人说议会已经休会了，也有人同意通过决议。决议里说得很清楚，如果有人建议取消议会征税的权力或者代替议会帮国王去征税，都会被视为"背叛者"，将成为国家公敌。而且如果有人自愿缴纳这些税，也会被视为国家公敌。查理一世获悉此事后，就派人去叫下议院的王室律师——一位职位很高的官员。但议员们将门锁起来，不让他出去。随后查理一世又派官员去通知，但议员们还是不开门。最后，整个决议读完了，他们才开门。接着，议会休会一周。

第二天，几个领头的议员被传唤到枢密院，但他们拒绝说出在议会中说了什么、做了什么。于是，枢密院将他们囚禁在了伦敦塔。

一周过去了，重开议会的日子到了。可是经过一周的思考，查理一世决定要解散议会。一般情况，解散议会时英王不会亲自出席，而是派钦差来下令，这就是"钦差解散议会制度"。解散议会的命令通常在上议院宣布，

第五章 征税与政局动荡

下议院议员接到通知后也会来参加。然而,查理一世却亲自出席了。他着装正式,穿着长袍,戴着王冠。他没有屈尊派人去通知下议院,而是直接进入上议院,坐在王座上。不过,一些下议院议员还是像往常一样来了,站在他们平时站的围栏下面。这时,查理一世站起来开始演讲,内容如下:

上议院议员们,今天是解散议会的日子。我从来没有出席过这种令人不高兴的会议,你们肯定很疑惑,今天我为什么没有派钦差来而是亲自出席。通常国王只出现在愉快的场合,而严苛的命令会交给臣子们执行。然而,正义既包括奖善,也包括惩恶。因此,今天我有必要来这里,向你们宣布,向世人宣布,这次解散议会仅仅是因为下议院不称职的煽动行为造成的,和你们——我的上议院议员们没有任何的关系,你们称职的行为让我安慰不少,而下议院的不称职却让我十分恼火。但是为了避免他们误会,我告诉你们,我绝对不会给议会定罪,因为我知道议会里还有很多忠于职守的好议员,只不过少数为非作歹的人将大多数人都蒙蔽了,可是说实话,还有一部分人不管怎样都不会受这些不良行为的影响。总而言之,那些为非作歹的人一定要受到该受的惩罚,而你们——我的上议院的议员们也会从我这里得到你们该得的支持和保护,这也是一个称职的国王应该给予那些热爱他、忠诚于他的臣民的。现在,掌玺大臣,请你下达我之前给你的命令。

然后,掌玺大臣宣布解散议会。掌玺大臣就是掌管国玺的人,是王室里职位最高的人之一。

当然这件事在全国范围内掀起了对国王的热议,之后随着那几位被逮捕的议员受审,这件事就闹得更加沸沸扬扬了。朝廷决定惩罚他们,他们被判长期监禁,并且要缴纳一大笔罚款。国王现在决定彻底解散议会,这样一来,他当然就要像以前那样,在上一届议会刚解散,下一届还没有组织起来的时候,靠自己的王权来筹集资金了,实际上他已经这样做过很多次了。这样筹集资金虽然让人觉得不悦,但至少对于读者仔细了解国王筹集资金的方法是很有用的。为了尽可能减少经济开支,国王准备和西班牙、法国议和,实际上英格兰、法国和西班牙都对战争十分厌倦了,所以很快就达成了议和协议。

第五章 征税与政局动荡

国王采取的一个办法是贷款，不过那时所说的贷款和如今政府办的贷款是不一样的。当时，人人都要把自己的财产数量上报给政府，而且在某些时候还是强制性的。不过，政府贷款并不是完全靠武力，而是期望大家自愿把钱借给他们，如果有人拒绝借钱，他们就会让他发誓，绝对不会把这件事儿告诉别人，免得别人知道，都跟他们一样拒绝借钱。那些拒绝借钱的人都会被上报给政府，政府会通知负责贷款的官员不要惹不必要的麻烦，只需要尽力诱导民众自愿借款就好了。这种方法之前白金汉公爵活着的时候已经用过了，但是收效甚微。

国王采取的另一个方法是所谓的垄断计划，即政府会把日常生活中使用的一些重要必需品的制造权授予一些人，前提是他们要向政府上缴一部分利润，比如肥皂就是其中的必需品之一，还有皮革、盐以及其他各种必需品。这些制造商一旦得到授权制造这些必需品，就滥用权力，造出的产品质量低下，并且高价出售。没人可以阻止他们这么做，因为没有其他制造商与他们竞争。结果，人民受到的损害远远比政府得到的利润要多得多。政府这种出卖必需品制造权的做法，就算是现在还受到大家诟病。

政府用到的另一个方法就是征收吨位费和手续费。

查理一世

这是一种自古就有的税种,主要是针对船运货物征收的税费,就像是现在海关征税一样。这种税费被称为吨位费和手续费,主要是因为这些货物全是船运的,而且是按照货物的重量,即吨位来征收的。该税最早是国王爱德华三世开征的,当时他借此筹集资金,目的是为了打击海盗。他说既然这些货物得到了保护,就应该按合适的比例缴纳保护费,这是合情合理的。当时,议会反对国王征税,其实他们反对的不是征税这件事,而是反对国王用自己的权力来征税。所以,随后他们就将征收这种税的权力拿到了他们自己的手上,开始定期征收。接下来的一届议会将征收此税制成了法律,规定国王在位期间可以一直征收此税。查理一世继承王位后,上议院按照惯例更新法律,规定查理一世在位期间也可以一直征收此税。有一次,下议院提出,希望可以规定国王只能征收一年的吨位费,这样他们就可以获得征收此税的权力。就这样上下议院产生了分歧,可最终也没什么作用,国王还是继续利用他的特权征税,不用得到议会授权。

国王还有一个筹集资金的方法,就是征收船税。所谓的船税就是计划让各个镇子捐出一些船只,或者捐出必要的一部分钱来打造船队。船税在英格兰很早就有了,最初仅仅是对拥有船只的海港城镇征收的。政府要求这

爱德华三世。吨位费始于爱德华三世统治时期

些镇子支持国王，有时候是给国王募集资金，有时候是给国家捐钱，可有时候也不需要交钱。查理一世修改了这个规定，他规定全国所有的镇子都要缴纳船税，每个镇子都要筹集足够的资金来打造规定的船只。当时，国家规定伦敦市要募集资金打造 20 条船。

当时有个人拒不缴纳船税，而且因为长期反对政府缴纳船税，让他变得很出名，确切地说自此以后他一直都很出名。他的名字就是约翰·汉普登。他家财万贯，品德高尚，政府要求他缴纳的船税只有 20 先令，可是他说未经法官审核同意，他是不会缴纳的。国王先前已经得到法官们的专门意见，说要是有必要的话，他可以征收船税，所以汉普登知道就算是法官同意了，最终结果也一定是对国王有利。可是他知道，一旦法官开始审核，全国人民就都会关注这件事，借此机会可以证明国王和政府征收船税是违法的，也能证明其统治有多么专横。他的诉求将在全国范围传播开来，并引起很大的反响，尽管他知道法官们最后还是会判他缴纳船税，因为他们是由国王任命的，但至少他们在心里会更倾向于支持他。

正如汉普登所料，法官的审核确实引起了普遍的关注。这真是个伟大的奇观——一个家财万贯、地位颇高

约翰·汉普登

的人，做好一切准备，不惜花费大笔钱财，只是为了拒交最终非交不可的20先令船税，而让法官审判他。英格兰人民都相信汉普登是对的，他们为他鼓掌，并以他的精神和勇气为荣。这次审判持续了12天，他充分说明征收船税是违法，是不公正的。人民全都支持汉普登，甚至一些法官也支持他。人们将他称为"爱国英雄汉普登"，他的名字将永远留在英格兰的历史上。然而，整个审判，虽然在当时产生了很大的影响，但是现在看来却没什么意义，因为按照英格兰古老的习俗和惯例来看，它主要是在讨论国王的实际权力是什么。可是，人类现在面临的问题已经不同了，大家不再关注从前政府的权力是什么，而是关心现在和将来政府的权力是什么。

从表面上看，在这场较量中，国王和政府取得了胜利，而汉普登不得不向他们支付一大笔钱。政府通过征收船税，筹集了一大笔资金，打造了一支庞大的舰队。这支舰队性能良好，是英格兰所有的舰队里最强大的一支，这确实让全国人民的怨气平息了不少。英格兰决定派遣这支舰队去对付荷兰人，迫使荷兰向英格兰支付一大笔资金，因为他们一直享有在大不列颠岛附近的狭窄水域捕鱼的特权，可荷兰却一直坚称，这些海域是公共的，是对全世界开放的。他们派了大量的渔船来这里捕

第五章 征税与政局动荡

鱼,这种渔船叫"鲱鱼帆船"。他们用这些船捕捉鲱鱼,然后将鲱鱼制成罐头,运到世界各地。英格兰舰队攻击了这些鲱鱼帆船,赶走了他们,荷兰因为没有足够的力量来抵御英格兰,所以同意每年支付一大笔钱,换取他们在这些水域捕鱼的权利,但是他们还是抗议,认为这是英格兰对他们的勒索。他们坚持认为英格兰没有权利控制他们海湾和河口以外的任何海域。

查理一世在没有议会的这段很长的时间里,主要依靠的是一个著名的法庭——星法院法庭。这是英格兰一

航行在海上的鲱鱼帆船

个非常古老的法庭,早在建国伊始就有了,但它从来没有引起任何特别的关注,直到查理一世统治的时代。它为查理一世政府贡献很大,查理一世也赋予了这个法庭更大的权力,在民众看来,这个法庭是国王压迫人民的一种手段,而在查理一世看来,这个法庭非常有效地维护了他的特权,并帮他惩罚了顽固悖逆之徒。

比起英格兰其他任何法院,国王和他的枢密院赋予这个法庭更强大的权力,原因有三个。第一,这是英格兰的古宪法决定的,枢密院的所有成员,都在这个法庭供职,除了枢密院的成员外,这个法庭还有两个人,他们是其他法院的两位法官。之所以从英格兰普通法院选两位法官,是为了让星法院法庭的决定和英格兰普遍的法律原则一致。然而,选择这两个法官是要看他们执行国王计划的情况,而其他成员本身全是政府的成员,所以这个法庭几乎完全受政府控制。

第二,这个法庭没有陪审团,自从建立以来,就没有陪审团。英格兰的这种由陪审团审判的制度,主要是为了防止政府专权。如果有人被指控犯了罪,而他又曾经冒犯过政府任命的法官,这时该法官就不能决定他是否有罪,因为这时审判可能会对人犯不公平,所以就由12个人组成的陪审团来判决,这些人是从各行各业的民众里随便抽选的。因此，他们可能会同情被告，如果看到有人故意打压他，就会站在他那边反对政府的专制。因此，正像英格兰人所说的那样，陪审团是一个很好的保障。英格兰人一向都很重视陪审团审判，然而当时，英格兰的星法院的审判却一直没有陪审团，法院单独决定所有的问题，因为它是为政府利益服务的，所以政府当然也就可以直接决定被指控人的命运。

第三，这个法院审判的案件的性质特殊。它管着各种各样的案件，这些案件里的罪犯全是因为和政府有冲突，犯了煽动暴乱、诽谤他人、反对枢密院法令或者反对国王敕令之类的罪。这些以及类似的案件一直由星法院审判。其实，这些案件恰恰不该由星法院审判，因为政府不能审判政府自己指控的人。

关于星法院名字的由来，有很多说法。星法院大厦位于威斯敏斯特镇的一座宫殿里，这个大厦有很多窗户，一些人认为这就是法院名字的由来。但也有一些人说因为这个法院制定的一些罪名的拉丁语叫法跟"星星"这个词很像，所以它就叫"星法院"。另一个说法是，一些文件的名字叫法跟"星星"这个词很像，而这些文件一直存放在这个大厦里，所以它就叫"星法院"。最有趣的一种说法是，星法院大厦的天花板上原先全是用星

查理一世

星法院大厦内景

星装饰的,所以才叫了这个名字。但是,不幸的是这个说法跟其他的说法比起来,也没什么确实的证据,因为查理一世在位的时候大厦天花板上没有星星,之后100年也没有,甚至也没有任何确凿证据证明以前有过。然而,也就是因为每一种说法都没有确实的证据,所以人们就明智地选了最有趣的说法。现在人们普遍认为,就是因为大厦的天花板上装饰了镀金的星星,所以才叫这个名字的。

星法院为稳固查理一世政府的巨大权力提供了保

第五章 征税与政局动荡

障，它通常会用两种方式帮助政府。一个是，它会惩罚跟查理一世政府作对的人，如果这些人家财万贯，它就会罚他们缴纳巨额罚款，作为政府的财政收入，其实有时候他们的罪行，是不应该受到如此严厉的惩罚的。比如，有法律规定不许把耕地变成牧场。耕地养活人，牧场养活牛羊，但有时候，对于地主们来说耕地是一种负担，而牧场会为他们增加财富。因此，当时在英格兰的某些地方，就有了这样一种趋势，地主将他们的耕地改成牧场，这样就把很多农民赶出了他们赖以生存的家园。虽然有法律规定不能这么做，但还是有许多人充耳不闻。于是，有个地主被星法院罚了4000英镑，这是很大一笔罚款。其余的人都慌了，就开始和政府协商，政府说他们要是不想被起诉，就必须每人一次性缴纳一定数额的罚款。就这样，政府就得到了30000英镑，这在当时可是非常大的一笔钱。

当时的英格兰有大片土地被称为"国王的森林"，其实很大一部分地里根本就没有树，这种情况现在也有。那时，这些土地的界限还不是很明确，但是现在政府颁布法律，明确规定了这些地的界限，并且大大地扩展了这些土地的面积，在当时，许多情况下还包括了其他地主的一些房屋建筑。然后，星法院就会起诉这些地主，说他们侵占了王室领地，接着会罚他们缴纳一大笔罚款。人们都说，政府这么做不过是想敛财，改善没有议会资金缺乏的局面，但政府说他们这么做是为了公正地保护国王一直拥有的合法权利。

在这些事件中，政府处罚了很多人，他们或多或少真的都犯了罪，政府因此筹集了不少钱。在其他一些案件中，很多人因为对国王或者政府中的贵族们不敬，也受到了非常严重的惩罚。大家一向认为，惩治不尊敬国王或者贵族们的罪犯是非常重要的。有个人和国王的一个军官产生了一些纠纷，最后打了这个军官，被罚款10000英镑。还有个人就因为说了"大主教期望对天主教徒宽容一些，惹得国王不高兴了"，就被认为是诽谤了大主教，被罚了1000英镑，还受到鞭打，被囚禁起来，并罚他在威斯敏斯特和英格兰的其他三个地方游街示众。

有位先生在路边走，一只猎犬在后面追他，这只猎犬是一位贵族的。管猎犬的人命令他离远一点儿，可是他说话的语气十分恶劣，这位先生就拿马鞭抽了他，说他出言不逊，侮辱别人。这个管猎犬的人说他要把这件事告诉他的主人，就是那位贵族。这位先生说，如果他的主人觉得他这样侮辱别人做得对的话，他也会以同样

17世纪30年代的查理一世

的方式教训他。结果,星法院就说他对贵族无礼,罚了他10000英镑。

通过用这些方法和类似的一些手段,星法院为国王的财政部聚敛了大量的钱财,而且还压制了人们的所有不满和抱怨。然而,星法院帮助政府的另一个方式就是镇压人民,不许他们有任何抱怨,这对于任何一届政府而言都是非常危险的。由于武力的镇压,不满和抱怨虽然表面上消失了,但暗地里会变得更加危险、难以控制,就像拉安全阀一样,拉的越用力,最后弹上去的也越快。查理一世和他的星法院享有巨大的权力,他们发表宣言、颁布法令,完全控制着政府。他们镇压人民的所有不满,但其实是在整个国家不断地加深人民对他们的仇恨和敌意,这种仇恨和敌意已经根深蒂固,最后会导致政府发生革命,国王被斩首。现在他们暂时停止了抱怨,但最终会彻底爆发。

查理一世既是英格兰的国王,也是苏格兰的国王。这两个国家,距离很远,各自为政,拥有各自的法律和独立的领地,然而,他们的君主却是一样的。一个国王可以继承两个王国,就像在英格兰一个农民可以继承两个农场一样,尽管这两个农场距离很远,管理也是完全分开的。查理一世自从父亲去世后,尽管现在已经继承

第五章 征税与政局动荡

了苏格兰的王位,但他还没有加冕,也还没有去过苏格兰,这样苏格兰人民多少感觉有些被忽视,他们抱怨国王只关心英格兰,说如果国王认为苏格兰国王的王冠不值得他戴的话,那他们大概就要想其他的办法来解决了。

于是,查理一世在1633年的时候准备以国王的身份去苏格兰。首先,他发布公告,定好去苏格兰的路线,然后要求沿途的几个地方提供合理的待遇,此外还规定他要在每个地方停留几天。他带了一大批侍从,5月13日从英格兰出发。一路上,他去了几个贵族的府邸,在那里受到了热情的款待,这都是提前安排好的。国王走得很慢,等到英格兰边境的时候已经过去一个月了。到了边境后,他从英格兰带来的所有仆人都被换成了提前安排好在那里等他的苏格兰人。他来到爱丁堡后,那里举行了盛大的游行,所有苏格兰人都涌向首都去见证庆典。三天后,查理一世举行了加冕典礼,并且会见了苏格兰议会议员。出于规矩,他还参加了苏格兰议会,其实他只是为了在苏格兰以国王的身份行使王权。这些结束后,他心情很好,马上就去了边境的贝里克郡,然后从那里出发,很快踏上了回伦敦的旅途。

国王在1629年解散了他的最后一届议会,他已经努力单独执政四五年了。表面上,他做得相当成功,至

查理一世

爱丁堡

少到目前为止是这样。可是,实际上大家都对他十分不满,这种不满是根深蒂固的,而且还在不断加深。国王从苏格兰回来后不久,真正的困难就逐渐出现了。最后,国王不得不再次召开议会。至于这些困难到底是什么,将在随后的章节中解释。

第六章

大主教劳德的宗教改革与苏格兰之乱

精彩看点

大主教劳德——国教——教会体系——坎特伯雷大主教——劳德成为大主教——办理教务的能力——劳德的性格——英格兰与美国的主教制度——反对国教——礼拜天娱乐的分歧——清教徒——教会仪式之争——"李尔本案"——年轻律师的酒话——劳德开始在苏格兰推行国教——劳德和查理一世的目的——圣餐仪式——改变苏格兰的圣餐仪式——苏格兰反了——军事动员——查理一世率军北进——敌人进至约克郡——苏格兰人的诡计——妥协——苏格兰军队撤退——查理一世的难处

虽然查理一世与臣民的关系格外紧张，但他不是孤家寡人。正如我们上文分析的，他其实得到了不少帮助。许多智者和官员同他的观点一致，至少他们为了官位和权力愿意接受他的观点。他们被查理一世安排在自己身边，要官给官，要权给权，与他一道维护和强化王权，执掌政府，行使政权。这些人中最著名、最杰出的是劳德。

读者必须明白，在地位相同的情况下，英国国教与其他机构都不一样。国教的主教和牧师的收入来自教堂自身拥有的巨额财产。这种性质的财产与教区的教民毫无关系。牧师一旦被任命，他就有权掌管教会的财产，他不是由教民选出，而是由当地贵族或者高官任命。这些人在当地拥有任命牧师的世袭权。主教的收入也不菲，这同样与教民无关。主教之上是大主教，在整个教会系统中地位最高。该主教被称为"坎特伯雷大主教"。还有个主教，是约克大主教，但他的教区有限，影响力不大。坎特伯雷大主教才是整个英格兰名副其实的教会领袖，他的地位居于所辖教区里所有主教之上，他有权为国王加冕。他拥有两座豪华的宫殿，一座在坎特伯雷，一座在伦敦。他那庞大的收入能让他维持同自己地位相符的生活方式。整个国家的教会事务也都由他管理，但其中很小一部分由约克大主教管理。坎特伯雷大主教在伦敦的那个宫殿位于泰晤士河岸边，正对着威斯敏斯特，叫"兰柏宫"。

坎特伯雷市是大主教最主要的教区，位于伦敦东南，靠近海边。大教堂，也就是大主教的教堂就在那儿，长度超过500英尺，塔高将近250英尺。建筑的设计与装饰如它的规模一样宏伟、壮丽。有一大群牧师和其他人员供职于大教堂，数量超过100人。大主教的宫殿就在大教堂附近。

在查理一世统治时期，教会的系统相当完整，拥有自己的财产、法律、立法机构、法庭、法官和首脑，这些方面不受人民约束，而是由主教和牧师掌管。一般来说，牧师由主教任命，主教由国王任命。这样一来，整个教会系统基本上拥有完全的自主权。教会有巨大的财

坎特伯雷大主教劳德

兰柏宫,绘于17世纪末

坎特伯雷大教堂,绘于18世纪

第六章 大主教劳德的宗教改革与苏格兰之乱

富、广泛的影响力和权力，这些全为坎特伯雷大主教所有，他的地位无比显赫，他的荣耀无与伦比。现在的坎特伯雷大主教是劳德，是由查理一世任命的。查理一世发现，劳德是由他的父亲——詹姆斯一世提拔到教会高层的，劳德野心勃勃，亟盼扩大和强化教会的权力和特权，这同查理一世在王权方面所做的努力不谋而合。于是，查理一世就不断提拔劳德，最后让他当了坎特伯雷大主教，而他就成了教会系统的首脑。

然而，早在被任命为坎特伯雷大主教之前，劳德就致力于巩固和提高教会的地位。他曾担任伦敦大主教多年，他的地位在某些方面仅次于坎特伯雷大主教。他还接受国王的任命，担任过许多高级文官。他的业务能力突出，无论是处理国家的还是教会的事务，都能不折不扣地完成。他行为坚定果断，博学多才，学养深厚。他一心扑在自认为不容置疑的责任上：支持、维护国王的权威以及国教的地位。尽管他能力突出，但许多人嫉妒他对国王的影响，对他这样一个牧师却被多次任命为高官而非议不断。

敌视劳德的还有一股力量。英格兰有许多人都反对英国国教，他们不喜欢英国国教那样从上至下等级森严的系统，即国王任命主教，主教任命牧师，牧师统治教民，教民们只有屈从，什么都不能说，什么也不能做。美国的教会制度则与之完全不同：教民选择牧师，牧师选择主教，因此教会的权力就像这个国家的其他事情一样，都是自下而上的。在静态下，这两种教会系统在这两个国家看起来十分相似，但在动态下，看起来却截然不同，最终导致精神与权力的对立。在英国，教会制度是统治人民的宗教枷锁；但在美国，教会制度却是被人民统治的机构。因此，虽然两国教会的形式看起来相似，实际操作起来却相差甚远。

现在，英格兰有数量庞大且仍在不断增加的教民，他们憎恨、反对教会制度。为了阻挡这种趋势的发展，劳德企图尽量明确、扩大、推广教会系统。他充分利用宗教仪式，还引进一些其他宗教礼仪，但这些并不是什么全新的东西，只不过是一些古代的宗教礼仪罢了。他尽心去做这些，深信这些虔诚的仪式可以净化教民的灵魂，引导他们用心去感受那份用行动表达的尊敬。然而，许多人却强烈反对这些宗教礼仪，并认为这是回归罗马天主教的表现。劳德和他的同僚越是想增加教堂的礼仪、扩大教堂的权力，这些人就越痛恨他们的这些举措，正如他们所说，他们想要的是纯洁的基督教，是未被天主教仪式和偶像崇拜污染的基督教。他们这

第六章 大主教劳德的宗教改革与苏格兰之乱

些人被称为"清教徒"。

许多在我们现在看来无可厚非的事情，在过去却要么争论不断，要么充满严重的敌意。例如，用来举行圣餐仪式的地方是该称为"圣桌"还是"圣台"；它要放在教堂的什么地方；主持圣餐仪式的人是该被叫作"牧师"还是"教士"；他该穿这种祭袍还是另一种。这些问题颇受重视，它们本身倒没什么，有什么的是下面这个问题：是将"主的晚餐"仅仅当成一种纪念基督死亡的仪式，还是无论由哪个被普遍认可的神父主持，如天主教一样，当成是基督死后重生的纪念？称举行圣餐仪式的桌子为"圣台"，称主持圣餐仪式的人为"教士"，他穿着一种特定的祭袍，这些都表示支持基督死后重生。劳德和他的同僚们推进宗教改革，希望人们接受与上面类似的宗教仪式。清教徒憎恨这些看似美好的仪式，因此对他们厌恶至极。

另外一个争执不休的话题是娱乐活动。有一个非常奇特的情况是，那些重视礼仪与形式的基督教分支，在社会生活方面却有极大的自由来狂欢、消遣。天主教盛行的巴黎到处都是剧院和舞场，而且在巴黎，安息日也算是一个节日。但在伦敦却与之相反，剧院数量不多，跳舞被称为娱乐都有点儿牵强，安息日的庆祝活动也十

圣餐仪式

第六章 大主教劳德的宗教改革与苏格兰之乱

分严肃。对英格兰的一些简单的大众教会来说，跳舞或者逛剧院都是不道德的，劳德所处的时代就是这样。他鼓励人们去娱乐，尤其是礼拜日在教堂做完礼拜之后。在某种程度上，这样做的目的是对抗那些支持清教徒观念的人们。清教徒十分看重布道和说教，他们通过布道和说教向人们演讲，并影响人们。劳德认为，清教徒的这些演讲会让反抗意识深入人心，从而损害教会和国王的权威。为了防止这种情况出现，教会高层希望提高祈祷仪式在教会活动中的地位，尽量忽略布道的重要性，并通过鼓励玩游戏、跳舞以及各种各样的娱乐活动，让人们不再关注布道者的高谈阔论与谆谆教导。

有些郡的法官面对道德败坏和秩序失调，曾经在被他们掌握的常设法庭上通过一项规定，即，禁止一些与教会仪式相关的狂欢与酒宴。他们要求主教应该对公众施加影响，促使公众反省自己的这些行为。大主教劳德认为，地方法官的这种做法影响了教会的权力和特权。他把法官们带到地方议会，并谴责他们，地方议会要求他们在下个法庭撤回这项规定。法官们照做了，但这仅仅表明他们是屈从于国王的地方议会的命令，而不是心悦诚服。亲清教徒的那些人们是站在法官们这边的，并且他们比以前更加远离英国国教在星期天的各种娱乐了，而站在劳德这边的人就更加坚定地推广各种狂欢活动了。结果，双方都不愿意看到的事情出现了，谁也不愿意妥协，分歧越来越严重了。人民迅速选边站队，有的成了固执的国教教徒，有的成了狂热的清教徒。

劳德频繁地使用星法院的权力，迫使人们服从教会的权威。有时他甚至严惩一些人，原因仅仅是他们说了一些不敬的话或者在他们的书中谴责了他们所遭受的暴政。仅仅因为发表言论就遭到惩罚，反倒让这些言论更加坚定，传播得更加广泛了。有时他们会因遭受这样的惩罚而感到光荣，并且更加蔑视当局的权威了。

例如，有个叫约翰·李尔本的人被带到星法院，被控散发煽动性的传单。当时，在所有常设法庭上，没人会被要求说一些于己不利的话，除非别人有证据证明他所犯的罪行，否则他的罪名就不会成立。然而，在星法院，凡是被带到这里接受审判的人，一开始就得发誓他愿意回答所有问题，即使这些问题将会使他的罪名成立。当审判人员要求约翰·李尔本发誓的时候，他拒绝了，这种行为被认为是藐视法庭，结果他就被施了鞭刑，戴上了枷锁，关进了监狱。但在他被施鞭刑时，他仍然向周围的人们大声控诉主教的暴政，甚至提到了劳德，说他是这种暴政的幕后黑手。他离开的时候，继续散发那些

约翰·李尔本

让他受到起诉的传单。星法院的官员听到他仍然向民众高谈阔论，就把他的嘴堵上了。然而这并没有让他屈服，他开始跺脚、打手势，继续展现他与专制做斗争的不屈不挠的精神。这个案子没有造成很大的影响，但这个案子也不简单。打倒约翰·李尔本是查理一世和劳德在国内推行高压政治的实验，并准备推向整个国家，这也标志着他们在实施方面取得了成功。

有个相关的离奇的案件，其结果却比那些受控的人幸运得多。一天晚上，伦敦的几个年轻的律师在一个娱乐场所喝酒，在他们说的酒话中提到了坎特伯雷大主教劳德。其中一个侍者听到了他们的话，并把他们的话宣扬了出去，结果他们就被抓进了星法院。审判前，这些律师向某个贵族求救。

这个贵族问：“当时侍者站在哪里？你什么时候说的酒话？”

"他站在门边。"

贵族说：“那可太好了，你就跟法庭说他只听到了部分酒话，后来他出去了。真正完整的话应该是'不清楚坎特伯雷大主教的敌人的动机。'"通过这个巧妙的辩解以及在大主教面前表现的谦虚与尊敬，这些律师们最终没有受到惩罚。

第六章 大主教劳德的宗教改革与苏格兰之乱

光在整个英格兰地区树立与确定教会的权威还不够，劳德在苏格兰也想搞这一套。查理一世到苏格兰加冕时劳德随行，他对劳德扩大和巩固教会权力的努力深以为然，并打算支持劳德在这方面的工作。这么做有两个原因，一个是他们拥有共同的敌人——清教徒，这让他们站在了同一条战线上；另一个是，正如教会里的职位不是世袭的，而是由国王或者大贵族任命的一样，无论国王授予教会什么权力都是为了加强王权，让人民更加臣服。

我们不该苛责查理一世和劳德的计划。毫无疑问，他们野心勃勃，热衷权力，希望他们的统治无比牢固、拥有不容置疑的绝对权威。查理一世可能认为，王国的稳定和繁荣，以及他与生俱来、受到认可的权力，都仰赖这种计划的实施。其实，有好就有坏，好坏相交织，就像人类的一切行为一样。查理一世只想履行自己的责任，计划在苏格兰建立教会，无论宗教仪式还是宗教礼节都与国教一致。他和劳德深信他们正在努力让苏格兰王国变得更好。

就像现在一样，英国教堂过去每天的祷告、唱圣歌、上圣课都有既定的程序，这些都由牧师捧书教授，被称为"礼拜仪式"。清教徒不喜欢礼拜仪式，认为它禁锢

查理一世

了人们的思想,让人们深受布道者个人思想的控制,从而失去自由,而支持强权政府的人们却都喜欢礼拜仪式。他们希望取缔所谓的自由,并把自由局限在特许之列,深信无节制的自由贻害无穷。对于牧师来说,他们很容易看出,与简单地向上帝祷告相比,布道者更愿意对听众的心灵施加积极的影响。尽管没有一个正直的人否认各种邪恶现象的存在,但为了自由,最好还是离开这些布道者。而支持限制自由的人们却对强加在人们脑海里"有益"的禁锢感到满意。

苏格兰人民一直拥有自由的精神。面对政治高压和思想禁锢,他们从来没有屈服过,地球上没有一个民族像苏格兰人一样。要想驯服他们,简直比登天还难。他们坚定的独立意志和维护自由的信念从未被打倒过。在查理一世统治时期,他们尤其喜欢自由地运用自己的思想,与别人交流宗教信仰方面的话题。他们为自己而想,想法有时正确,有时错误;但他们还是愿意思考、表达他们的看法;他们反抗思想禁锢,因此他们更难被他人统治。所以劳德认为,这些人更需要宗教仪式,就特别为他们准备了一个表面上与英国宗教礼仪不同的,但实质上是一样的宗教仪式。查理一世公开声明,要求主教们把该宗教仪式在苏格兰的各个教堂普及。

第六章 大主教劳德的宗教改革与苏格兰之乱

引进宗教仪式的那天,苏格兰发生了骚乱。在爱丁堡的主教堂里,当主教拿着书穿着圣袍走出来的那刻,人们高喊:"教皇!教皇!"主教登上布道台试图安抚人们的情绪时,一个凳子飞了过来,砸中了他的脑袋。治安人员随即驱逐集会的人群。主教在空荡荡的教堂里继续他的宗教仪式。骚乱蔓延到了教堂外,人们的抗议声、怒骂声此起彼伏,还往教堂的门和玻璃上扔石头。

苏格兰人派一名代表到伦敦向查理一世表示,他们对宗教仪式的不满既普遍又强烈,想让宗教仪式在苏格兰推广是不可能的。然而,查理一世和议会对这个话题不做分辩,所以这就跟我们这个时代的老师或父母遇到

砸中主教脑袋的凳子

苏格兰骚乱

第六章 大主教劳德的宗教改革与苏格兰之乱

学生或孩子顶撞时的感受一样。最后,查理一世发出声明,人们应该遵守宗教仪式。苏格兰人准备反抗了,他们选举代表团到爱丁堡,组织了政府。他们还建立了军队,攻占了国王的城堡。这些人郑重起誓坚持宗教自由。总的来说,整个苏格兰都反了。

过去有个习惯,朝廷通常有个侏儒,他着装夸张,说话自由,负责逗朝臣们乐。这种人被称为"国王的小丑",更大众的叫法是"弱智儿"。查理一世的小丑是亚启。苏格兰叛乱发生后,整个英格兰都被劳德实施宗教礼仪所造成的严重后果惊呆了。一天,亚启看到劳德走了过来,就叫住他说:"大人,现在谁才是白痴?"劳德无言以对,而可怜的亚启受到了惩罚:被罚把外套罩在脑袋上,并且不准再侍奉国王。如果劳德就让这件事这么过去的话,最多也就是引得大家一笑,但他心怀怨恨,就决定把这件事记录在案,让亚启遗臭万年。其实,明智的做法是,劳德应该付之一笑,并且当众嘉奖亚启说了一个这么好的笑话。

苏格兰不仅组织了政府,还在教堂里召开了一个大会。大会的地点是在苏格兰西南部的格拉斯哥。会议期间,贵族和上层人士纷纷涌入格拉斯哥鼓励和支持这个会议,表现出对会议进程的极大兴趣。与会人员十分谨

格拉斯哥

第六章 大主教劳德的宗教改革与苏格兰之乱

慎,他们不但反对查理一世将宗教仪式强加给苏格兰人民,而且要求废除主教制度,也就是整个主教系统。劳德竭力完善、坚持的宗教系统一下子在苏格兰土崩瓦解了。苏格兰一直高昂着头颅,从未低头屈服过。苏格兰建立了长老会制,这是一种共和体制,牧师跟所有人一样都是平等的,大家同在民选政府里工作。

查理一世决定不惜一切代价镇压这次造反,他利用各种非法的手段筹集资金,这在前面已经介绍过了,加之他善使慎用,所以现在已经拥有一笔相当可观的财富了。如果不是强迫苏格兰人民接受违背民意的宗教仪式,也许在他统治期间,就用不着议会了。他还举借外债,最终筹集了20万英镑。他希望把钱花在武力上,镇压这次叛乱。他组织了一支军队,装备了一支舰队,发布声明号召王国的贵族们支持他。他率领大军从伦敦出发,往北而去,整个国家犹如观众,密切关注着这次远征的进程,看看他们的国王是如何征服他的另一个王国的。

查理一世进至约克城,这是英格兰北部的一个大城市。他驻扎于此,建立营地,尽可能地炫耀武力,企图通过强大的武力震慑苏格兰人,迫使他们缴械投降,但实际上这种"表演"苍白无力,并且具有欺骗性。军队更赞同苏格兰人民的观点,而不是国王的观点。无论英格兰,还是苏格兰,人们对查理一世的抱怨如出一辙。查理一世来到约克城时,许多苏格兰人来了,全国各地的人也成群结队地来了。他们幸灾乐祸地看着国王的营地和军队。苏格兰人在英格兰人中宣泄着他们的不满。最后,查理一世和他的顾问们发现,如果任由这些不满传播,后果将十分严重,于是他们就准备了一份宣言,要求重要人物宣誓效忠查理,绝不向敌人传递情报。苏格兰人很爽快地宣了誓,但有些英格兰人却拒绝了。

无论如何,眼前的形势不像国王之前期望的那样:以为恐吓、威胁苏格兰,他们就会屈服。于是,他最终决定将大军开赴边境。他先去了纽卡斯尔,然后到贝里克郡,再从贝里克郡出发,沿着特威德河畔前进,这条河是苏格兰和英格兰的界河。然后,他找到一个合适的地方,搭起帐篷,将军队驻扎在他的周围。

查理一世试图通过示威让苏格兰人屈服,但苏格兰人似乎也决定示威、保护自己,尽管他们的力量比国王弱许多。他们派了大约3000人开赴遥远的战场,那里离英格兰军营大约有七英里。查理一世派了一支5000人的军队迎战。与此同时,苏格兰人在国内征集了大量的牛群,让它们跟在军队后面,这样从远处看就像是一个巨大的兵阵。英格兰军队的一队骑兵先锋,最先看到

第六章 大主教劳德的宗教改革与苏格兰之乱

了苏格兰的兵阵，发现人数远比他们预料的多，就有些胆怯，于是与后面跟上来的炮兵和步兵一起撤退，退回了军营。之后又有两三次对阵，每次苏格兰人都使用同样的伎俩，这样不费一兵一卒，就吓坏了英格兰人，苏格兰人也受到莫大的鼓舞。实际上，不管是国王还是他的将士，都不想陷入尴尬的境地，更何况将士们根本就不希望和苏格兰人开战，而国王清楚自己的兵力，也不敢开战。

最后，查理一世所有的顾问都建议他放弃这场华而不实、徒有其表的战争，通过协商来解决争议。于是，6月的时候，双方开始谈判，月底之前就签订了协议。在这次谈判中，查理一世尽可能地获取了一些利益，但是大家一致认为还是苏格兰人占了便宜。查理一世解散了军队，回到了伦敦，苏格兰的领袖们也回到了爱丁堡。之后不久，议会和教堂大会相继召开，他们都想独揽治理国家的大权，于是就派专员去伦敦拜见国王，并和国王谈判。此时，这些专员似乎更像是其他国家派来的大使。这些谈判和发生在苏格兰的一些事很快引发了新的争议。查理一世发现他彻底失去了对苏格兰王国的统治权，然而，他好像也没办法重新恢复对它的统治。他没有了储备资金，大家也不再信任他，现在除了重开议会，要求议会筹集资金外，已经没有其他办法了。然而，查理一世可能早就料到召开议会也没用，因为现在苏格兰人和英格兰人都对他强烈不满，所以无论他怎样向议会呼吁，都不要指望议会能提供任何帮助。

第七章

斯特拉福德伯爵与政治形势的恶化

精彩看点

斯特拉福德伯爵的早年经历——斯特拉福德伯爵在议会——与查理一世政见不同——被调离——对立继续存在——温特沃斯被囚禁——返回议会——查理一世向托马斯·温特沃斯献殷勤——逐渐倒向查理一世一边——任命托马斯·温特沃斯为枢密院大臣——托马斯·温特沃斯被任命为北部总督——托马斯·温特沃斯前往爱尔兰政府任职——托马斯·温特沃斯的专制政府——被封为伯爵——困难——劳德治理的辖区——为主教制度辩护——民众越来越反对主教制度——重新召开议会——斯特拉福德被任命为总司令——议会召开会议——查理一世的演讲——掌玺大臣的讲话——抱怨——提醒——议会被解散——苏格兰人攻入英格兰——苏格兰进军——查理一世去约克郡——英格兰战败——困境和危险——查理一世重组上议院——苏格兰信使——查理一世和苏格兰人讲和——斯特拉福德伯爵反对——斯特拉福德伯爵希望回到爱尔兰——查理一世承诺保护斯特拉福德伯爵

在查理一世一心想撇开议会，单独统治英格兰的那段时期，他除了重用劳德之外，还重用一位非常能干的大臣，他在英国历史上被称为"斯特拉福德伯爵"。斯特拉福德伯爵的头衔是国王奖励他而特意授予的。斯特拉福德伯爵出生于伦敦，基督教名是托马斯·温特沃斯，在剑桥上的大学，因为才华出众，成绩优秀，所以十分出名。他完成学业后，在欧洲大陆旅居了一段时间，参观了外国的城市和宫廷，学习了外国的语言、礼仪及风俗，最后回到英格兰做了一名骑士。他的父亲在他21岁的时候离开了人世，给他留了一笔丰厚的遗产。他比查理一世大7岁。以上这些事都发生在查理一世继位之前。在之后的很多年里，英格兰的人们大都知道他是个家财万贯、风度翩翩的才子，那时他的名字是托马斯·温特沃斯。

后来，托马斯·温特沃斯成为议员。在国王和议会发生争议时，他选择支持议会。查理一世一度认为，他的权力是世袭的、至高无上的，除了他的父辈或者他赋予议会的权力外，议会没有其他特权，而托马斯·温特沃斯强烈反对这种说法，竭力维护议会的权力，强调议会的权力是固有的，像王权一样也是世袭的。议会的权力是独立的，不是王室赋予的，议会不能侵犯国王的权力，国王也不能侵犯议会的权力。就这样，国王和下议院之间的争议拉开了序幕。

或许读者会想起前文中提到的，查理一世为削弱议会中反对派力量而采取的措施，其中一项措施就是委派这些反对派里的六个领导去做几个郡的治安长官。在所有君主专制的国家里，正常情况下，任何人都要无条件地服从国王，于是，议会的六个领导就被迫离开他们的职位，去做治安长官了。国王和他的枢密院认为，调离了议会中反对他的几个主要领导，余下的议员就会安静、顺从了，可是结果恰恰相反。下议院被彻底激怒了，比以前更加敌视王权了。

这件事发生后，托马斯·温特沃斯对国王更加不满了。没过多久，查理一世就开始强行借款，这在前文中已经描述过。他要求英格兰每位臣民都必须按照比例借

第七章 斯特拉福德伯爵与政治形势的恶化

给政府一些钱,通过这种方法,他确实筹集了一大笔资金。他承认,没有议会的批准,他无权向臣民征税,但有权向臣民借钱。因为托马斯·温特沃斯很有钱,所以必须借给政府很大一笔钱,但他坚决拒绝借钱给政府。于是,他被带到星法院,被判了监禁。可是,星法院知道查理一世的要求不合理,就减轻了对托马斯·温特沃斯的惩罚,先是允许他可以在监禁地点周围两英里的地方自由活动,后来干脆释放了他。

托马斯·温特沃斯再次当选为议会议员,回到了他的职位上,比之前权力更大,而且更有影响力。白金汉公爵曾经是托马斯·温特沃斯的主要政敌,也是国王最宠爱的大臣。现在白金汉公爵死了,查理一世发现托马斯·温特沃斯才华横溢,不畏强权,于是决定对他施以仁慈和恩惠。

实际上,无论哪个国家的君主,用来摆平政敌的手段都有两种,一种是威胁恐吓,一种是拿高官厚禄收买。查理一世身边的高官开始结交托马斯·温特沃斯,向他献殷勤,示友好,而他也对他们表现出来的敬意感到高兴。他们称赞他才华横溢、能力不凡,并告诉他像他这样有才华的人理应为国家效力。最后,查理一世授予他男爵的头衔。因为感恩国王赐予他的荣誉,所以他就不再反对国王了。他的同僚说他被收买了。毫无疑问,他像其他政客一样拥有野心和抱负,他最大的目的就是获得荣誉,这无疑也是他为议会效力的动机。可是,一位优秀的议会领导所能得到的,最多就是世人认为的那种很一般的权势、名望并受人尊敬,国王才是唯一控制政权的人。因此,只有得到国王的提拔,他才能得到实权。总之,担任议会的领导,他最多赢得声望,而国王却能给他实权。

相应地,查理一世也能通过封官来左右立法大臣的想法。他发现已经成功拉拢了托马斯·温特沃斯,不久就任命托马斯·温特沃斯为枢密院大臣,托马斯·温特沃斯接受了这个官职。他以前的朋友们认为,他这样做就等于背叛了他们,也背叛了他原来支持和维护的伟大事业。于是,很多人都对托马斯·温特沃斯不满,将他视为跟他们作对的敌人。

那些改变政治立场或者宗教信仰的人,总是很容易从一个极端走向另一个极端。昔日的好友痛斥他,而为了报复,他就会采取更加过激的行动去对付那些以前的朋友。托马斯·温特沃斯现在就是这样的处境。他越来越支持国王,全力维护国王。最后,查理一世给了他一个很高的官职,任命他为英格兰的北部总督,让他治理

第七章 斯特拉福德伯爵与政治形势的恶化

整个英格兰北部——当然前提是在国王和枢密院的领导下。他的辖区内有四个郡。国王还为他组织了施政委员会,这大大增强了他的权力——在大家看来,这个权力比国王以前任何时候授予下属的权力都要高。

托马斯·温特沃斯启程向北出发,去他辖区的政府上任,他决定要尽全力履行国王交代的所有任务。原先他坚决维护人民的权利,但在他的事业起步时,又开始

任枢密院大臣的托马斯·温特沃斯

查理一世

坚定地支持专制王权,并且一丝不苟,毫不妥协。他坚持通过向人民借钱筹款,只要国王宣称他有权力借钱的地方,他一个都不会错过。他恪尽职守,比起之前所有的总督,他治理的辖区的财政收入翻了四五倍,这样的政绩当然获得了国王和他的政府的赞许。因为那段时间,国王没有议会的支持,独立治理国家,每笔财政收入都极其重要。大主教劳德也对他的能力和政绩感到非常满意。查理一世将他们两个看作左膀右臂,其实,他们也是加快斯图亚特王朝毁灭的两个最主要因素。英格兰北部的人民尽管表面上对他还是毕恭毕敬,但仇恨的种子早就种下了。北部总督在某种意义上就像国王,拥有极大的权力。托马斯·温特沃斯有很多仆人侍候,过着锦衣玉食的生活。英格兰北部支持国王的达官显贵都羡慕他,称赞他的能力和政绩。

当时,爱尔兰动荡不安,劳德就建议查理一世派遣托马斯·温特沃斯去治理爱尔兰。爱尔兰的大部分居民都是天主教徒,很少有人愿意服从新教统治。托马斯·温特沃斯先被任命为爱尔兰副总督,后来又被提拔为爱尔兰代理总督,实际上就相当于爱尔兰国王,只不过头衔不同罢了。当然,所有的事务还是以国王的名义处理。在这里,他同样励精图治,改善了爱尔兰的金融、贸易、

第七章 斯特拉福德伯爵与政治形势的恶化

财政收入以及公共秩序等方面的状况,获得了令人吃惊的政绩。但他的治理方式极其专断,并且扬言是他让国王成为爱尔兰的绝对统治者,让他成为一个真正的国王的。托马斯·温特沃斯曾经非常努力地维护人民的权利,使他们免受专制王权的压迫,现在这样自吹自擂,激起了民愤,引来了别人的报复。虽然政府极力镇压,但爱尔兰还是怨声载道,动乱横生。

然而,查理一世和劳德认为托马斯·温特沃斯是他们最得力的助手。在苏格兰的形势开始变得严峻后,他们将爱尔兰交给了其他人管理,将托马斯·温特沃斯召回。然后,查理一世封他为斯特拉福德伯爵。成为伯爵之后,他比之前更引人注目,斯特拉福德的名字也比原来的温特沃斯更为人熟知,甚至自此以后,温特沃斯这个名字几乎被遗忘了。

现在继续说苏格兰的问题。查理一世发现没有议会的支持,已经很难支撑下去,于是决定重开议会。他现在面临的形势很严峻,劳德也是一样。劳德一直孜孜不倦地努力在整个英格兰确立主教制度,依法打击那些反对主教制度的做法,并且试图在他的辖区确立统一的信仰和崇拜基督教的体制,这被他认为是最完美的。他过去每年都会去辖区内所有的主教区视察一次,了解那里

被封为斯特拉福德伯爵的托马斯·温特沃斯

第七章 斯特拉福德伯爵与政治形势的恶化

盛行的风俗,禁止违规的行为,进而统一确立主教制度。他将调查结果报告给查理一世,由于他自己的实力不足,所以请求国王提供帮助,这样就能充分落实他的计划。不过,尽管他热情高涨,劲头十足,却没有取得多大的成功。那些他所谓的不规范行为,在一个地方刚被镇压下去,在另一个地方又出现了。反对国教制度的做法变得越来越普遍,而且根深蒂固。现在,苏格兰宗教改革的结果让英格兰人的骚动变得更猛烈了。

然而,劳德没有屈服。他请了一位有才华的作家修订了一本为主教制度辩护的书,并将它作为教会治理的合法、神圣的依据。这本书刚完成的时候,里头内容不是很极端,在某些情况下还能允许长老会的治理形式,但是之后劳德主持修订了这本书,将书里原来允许长老会治理形式的条例全部去掉了。他认为这些让步没有必要,而且也很危险。他将主教制度确认为英格兰唯一神圣、合法的制度。他使这本书广为传播。原先镇压的做法行不通,现在就企图对那些不服从主教制度的人进行规劝,但总体上收效甚微。这位大主教就他整个辖区今年的情况向国王做了汇报,阐明了当地人对国教的反对态度,还说反对势力越来越强大,要是没有政府的有效帮助,他恐怕没办法控制。同时他又补充道,在目前处于混乱的地区，再进行更加严厉的镇压到底是否明智，希望国王自己定夺。

　　劳德提出枢密院应该向查理一世建议重开议会。与此同时，他们通过了一项决议，万一议会"固执己见，拒绝筹集资金，他们就会支持国王采取非常措施"。这非但没有让议员们觉得国王会持友好态度，反倒被看成是威胁。国王命令议会在12月就开始选举，但是直到次年4月才将议员召集起来。其间，他继续征集军队，为征讨苏格兰做准备。他任命一批新将领来指挥军队，没有用原来的将领，因为他觉得他们对他的事业没有多大的帮助。斯特拉福德伯爵奉命担任司令。这引起将士们极大的不满，加上其他原因导致的抱怨，使这个时期更加暗淡无光，风起云涌。

　　议员4月时被召集到一起。上议院和下议院像往常一样都聚集在议会中的围栏处。这时，查理一世走了进来，向他们致辞：

　　　　没有一个国王会像我一样因为这么重大严肃的事将他的大臣召集到一起。我不会因为一些琐事麻烦你们，我已经通知了内务大臣，现在他会向大家讲话，我期待大家的支持。

第七章 斯特拉福德伯爵与政治形势的恶化

这位内务大臣就是指掌玺大臣,位高权重。他做了演讲,大致意思是国王需要资金,但又说没有必要详细查明国王的计划,因为这是国王才能考虑的事。我们不妨引用他的话,让大家看看当时议会的地位有多渺小,职权有多受限。

国王陛下神圣的心里装着庄严的决议,就像是约柜①里装着泽被万民的圣物,任何人像乌撒一样未经邀请就触摸约柜,都是对它极大的亵渎。但是国王陛下愿意将他神圣的光环放到一边,就像赫里阿斯同意他的儿子法厄同驾他的太阳车一样,而且国王和臣下之间的生疏,不该成为阻碍你们自由了解国王的理由。我们要记住,尽管国王有时将权威的光环放到一边,但是他永远不会放下权威。

掌玺大臣结束演讲后,查理一世说这样的演讲并非夸大其词。然后,下议院所有议员被留下来商议。不过,

---

① 约柜又称"法柜",古代以色列人的圣物。"约"是上帝跟以色列人所订立的契约,而约柜就是放置契约的柜。该契约指由先知摩西在西奈山上从上帝耶和华那里得来的两块十诫石板。——译者注

他们没有继续讨论筹集资金的问题,而是开始诉苦。他们说,在议会停开的10年间,政府的不公平和统治不善导致怨声载道。查理一世尽力让议题回到资金问题上来,提醒了他们很多次,催促他们先不要讨论这些,赶快先讨论筹集资金的问题。随后,查理一世又给上议院去信,要求上议院干涉,施加影响,让下议院赶快解决资金问题,上议院照做了。可是下议院回复上议院说,筹集资金的权力只属于下议院,上议院已经侵犯了下议院的权力。下议院宣称:"因此,下议院期待上议院能够明智一些,设法弥补错误,以后不要再像这样干涉。"

就这样,查理一世在各方面均受挫,不再指望下议院提供任何帮助,所以决定解散议会。这次议会仅仅持续了三周。这次解散议会,查理一世没有理会下议院,只是通知了上议院。他对下议院的态度如此反复无常激怒了臣民们。查理一世和他的枢密院整个夏天都在为军队出征努力做准备。当然,最大困难还是缺乏资金。宗教会议是教堂里规模最大的会议,当时它一直和议会同时负责财政事务。议会被解散后,宗教会议继续召开,他们为查理一世筹集了一些资金。贵族们免除了查理一世之前向他们借的很大一笔债。在查理一世和下议院产生争议时,他们愿意尽绵薄之力。

身着铠甲的查理一世

经过一个夏天的准备，查理一世将所有的军需品都集中放在约克郡和纽卡斯尔。与此同时，苏格兰人因为之前的胜利大受鼓舞，已经在边境附近集结军队，并很快越过边境，逼近查理一世的军队。

苏格兰人发表了一份宣言，声称他们进入英格兰并不是因为对英格兰的政权有敌意，而是要向查理一世呈上谦恭的请愿书，希望查理一世能缓解他们所遭受的苦难。他们认为，只要查理一世了解到他们受了多大苦难，就一定会收下请愿书。他们恭敬地请求英格兰人民允许他们安全通过边境，不要攻击他们，并承诺行事得体礼貌。他们确实遵守了承诺，避免以任何方式骚扰居民，而且公平购买他们需要的每件东西。苏格兰人渡过特威德河时，当地官员立即派人去伦敦告知查理一世，催促他率领所有可以调动的军队赶到北方，查理一世即刻动身，但太迟了。到达约克郡后，查理一世马不停蹄，继续向北进军，赶去增援集结在纽卡斯尔的先锋。途中，他遇到了信使。信使说，纽卡斯尔的驻军都撤走了，苏格兰人已经占领了纽卡斯尔。

纽卡斯尔战役的情况如下。纽卡斯尔位于泰恩河畔，附近的河堤陡峭高峻，但离这里约 4 英里的上游有个叫纽伯恩的小镇，那里地势低平，很容易穿过。苏格兰军

第七章 斯特拉福德伯爵与政治形势的恶化

队开赴纽伯恩扎营,一路上缓慢而有序,没有骚扰当地百姓。

一支从纽卡斯尔出发的英格兰军队阻止了苏格兰人的前进,但苏格兰人恳求他们不要阻止他们的行军,因为他们只是去向查理一世请愿。英格兰将军当然不会理会这个借口。于是,苏格兰军队袭击了他们,很快他们就大败溃逃。战败的英格兰士兵逃到纽卡斯尔,然后和纽卡斯尔的所有军队一起快速撤离。接着,苏格兰人占领了纽卡斯尔,但军队还是井然有序,公平购买他们所需要的东西。

查理一世现在处于危险、可怕的境地中。叛乱者彻底占领了他的一个王国,现在又率领得胜之师进军他的另一个王国。他和大部分臣民的感情已经彻底疏远,还和解散了的议会公开对立。他没有资金,也用尽了所有可能的筹集资金的手段,他几乎快被眼前窘迫而危险的局面击垮了。

查理一世十分后悔春天的时候解散了议会,现在期望可以重开议会。他仔细考虑了好几天,觉得还有可能将之前的议员召集在一起,重组议会,但大臣们坚持说这不可能了,解散了就是解散了,议会一旦解散,就不可能重组。国家必须发布新命令,重新选举议员。一旦这样做，查理一世就太丢脸了。但他明白，眼前重组议会的事要立刻进行，不能再拖了。在英格兰的历史上有这样一种特例，即如果情况紧急，没时间选举组织下议院，那么可以只组织上议院。于是，查理一世立即召集了贵族委员会成员，立刻重组了上议院。

这时，苏格兰人派使者到达约克郡，对查理一世说进军是为了向查理一世呈上请愿书。英格兰军队企图阻止，所以苏格兰军队不得不打败他们，对于这样的胜利，苏格兰感到非常悲痛和遗憾。查理一世将这件事告诉了上议院，询问如何是好，并且要求上议院给出建议——他应该如何筹集资金、集结军队、坚持到议会召开。上议院建议他任命几位委员去见苏格兰人，努力讲和，并且派人去伦敦，要求上届下议院借给他钱，直到议会重组。

查理一世采纳了上议院的建议。尽管与叛军签订协议是他到目前为止被迫做的最丢人的事，但他还是签订了协议。然而这遭到斯特拉福德伯爵的强烈反对。他力劝查理一世不要妥协，要和苏格兰决一死战。他对查理一世说，如果一旦开始屈服，将来就会面临被彻底打败的危险。他试图说服查理一世，苏格兰人也许会被击退，而且就算没有议会，也能应付过去。然而，查理一世和

行进中的苏格兰军队

其他的谋臣都主张，面对眼前的形势，他们必须做出一点儿让步。斯特拉福德伯爵希望查理一世将他调回爱尔兰任原来的职位，他认为在那里他大概不会受到敌视。他对于自己在英格兰激起的仇恨是心知肚明的，而且他也知道英格兰议会一定会全力报复他。但查理一世没有同意他的请求，而是向斯特拉福德保证，如果议会重组了，一定会提防议会，绝对不让议会伤他一根汗毛。可怜的查理一世！议会会怎样报复斯特拉福德伯爵，他料到的真是太少了！

第八章

斯特拉福德伯爵与大主教劳德的命运

精彩看点

新议会召开——查理一世的演讲——攻击斯特拉福德伯爵和劳德——起诉斯特拉福德伯爵——斯特拉福德被捕——黑杖礼仪官——劳德受到暴力威胁——以叛国罪逮捕劳德——劳德的演讲——劳德被拘禁——审判斯特拉福德伯爵——下议院不公正行为——责任——令人难忘的场景——斯特拉福德伯爵的才干和雄辩——叛国罪只是一个借口——剥夺公民权利法案的投票结果——查理一世的干预——臣民们的叫嚣——查理一世犹豫要不要签字——伦敦塔——斯特拉福德伯爵写给查理一世的信——查理一世签署处死斯特拉福德伯爵法案——斯特拉福德伯爵大吃一惊——查理一世请求饶斯特拉福德伯爵一命——斯特拉福德伯爵给劳德的口信——沉着的斯特拉福德伯爵——劳德被处死

1640年11月，新议会召开。查理一世前往伦敦出席。离开之前，他命斯特拉福德伯爵指挥约克郡的军队。苏格兰军队暂时停战，积极的进攻全面停止，开始为最后的和谈做准备。斯特拉福德伯爵坚决反对同苏格兰和谈，仍旧积极备战，不过，查理一世开始感到担惊受怕。这次去伦敦参加议会，他打算改变对本届议会的态度。每次他来参加议会开幕式，议会都会组织盛大的欢迎和游行，但这次他取消了。从前他直接去上议院，而且随从众多，盛况空前。现在，他乘着一艘游船，安静而低调地出发了。他的开幕演讲变得既克制又温和。总而言之，下议院明显感觉到，查理一世不再骄傲自大，而是十分谦逊有礼。

现在查理一世的态度不那么强硬了，下议院就开始变得大胆了。下议院发言人开始攻击大主教劳德和斯特拉福德伯爵。根据英格兰宪法的规定，国王不会犯错，如果治国出了问题，无论什么时候都是枢密院的错，跟国王没关系。下议院发言人语气十分坚决地谴责了在没有议会期间政府专横跋扈的行为，但没有控诉查理一世，而是弹劾劳德和斯特拉福德伯爵。在他们看来，政务和军务出了问题，最应该负责的是斯特拉福德伯爵，而教会出了问题，最应该负责的就是劳德了。下议院议员们的目的是试探上议院和国家，看看上议院是否对斯特拉福德伯爵和劳德不满，是否敢将这种不满公之于众，以此证明他们的弹劾是对的。

在议会开幕一周后，下议院一个议员发表了长篇演讲，先是抗议劳德大主教侵犯他人权利，独裁残暴，接着说他希望在年底之前，劳德大主教要么得到更多的恩典，要么全部放弃他得到的恩典。他补充道："我们遭受了太多的不幸，这些都拜劳德所赐，他是罪魁祸首，是他让全体基督教徒遭受了那么多痛苦，让臣民们遭受了那么多不幸。"他强调，如果必须要臣服一位宗教领袖，那么他宁愿服从远在台伯河的罗马教皇，也不会臣服近在泰晤士河的劳德。

接下来，议员们谴责了斯特拉福德伯爵，而且这些谴责没有遭到反对。他们发现臣民们对斯特拉福德伯爵

全副武装的斯特拉福德伯爵

和劳德普遍充满了敌意，于是下议院领导人开始认真考虑要以叛国罪起诉这两位大臣。根据英格兰法律，犯了叛国罪的人，遭受的刑罚是非常可怕的，尤其是贵族。处罚这么重主要是根据《剥夺公民权利法案》的规定，该法案要求严惩犯了叛国罪的人。从各个方面来说，叛国罪都是最严重的罪行，犯人会被砍头。根据法律的严格规定，他的尸体也会被用最残忍的方法肢解，实在太吓人了，就不再详细描述了。他的孩子们的继承权会被剥夺，财产会被全部没收。这种处罚显然剥夺了犯人整个家族的所有权利，也就是剥夺了人犯将财产、地位传给后代的权利。其实，《剥夺公民权利法案》这样规定的目的是给犯人的其他族人永远贴上叛国罪的标志，让他们遗臭万年。

在弹劾和审判国家大臣的时候，诉讼程序总是非常庄严的。弹劾案必须由下议院提出，并提交上议院审议，下级法庭没有权力审判贵族。下议院提出弹劾案时，先要派信使通知上议院，请求上议院逮捕受到指控的人，并将他监禁起来，直到所有证据准备好。上议院会尊重下议院的请求，并确定审判的时间。下议院将针对这些指控在内部分配任务，并指定一些议员参与起诉。这些议员既会收集证据，也会为审判做好一切准备。审

第八章 斯特拉福德伯爵与大主教劳德的命运

判的时间一到,上议院的议事大厅就会被布置成法庭,或者会选择其他更适合的地方作为法庭。这时,犯人会被带到被告席,下议院指定的议员会拿着证据出庭,一些身份特殊的人会在旁听席上听诉讼。接着,审判就正式开始了。

按照惯例,在议会开幕后不久,下议院就授权一个委员会来调查是否有正当理由指控斯特拉福德伯爵犯了叛国罪,进而起诉他。该委员会报告说有正当理由指控斯特拉福德伯爵犯了叛国罪。下议院再派一位信使去上议院,说下议院有正当理由指控斯特拉福德伯爵犯了叛国罪,并请求上议院将斯特拉福德伯爵隔离、监禁,直到所有证据准备好。为了不让斯特拉福德伯爵事先得到消息逃走,所有活动都是秘密进行的。下议院几乎一直让他们的信使待在上议院,以显示他们多么认真。上议院遵照下议院的要求,逮捕了伯爵,把他交给了黑杖礼仪官,并派两名官员通知下议院。

黑杖礼仪官是上议院非常重要的官员。从某些意义上说他负责执行议会的各种命令,指挥公务人员确保这些命令的实现。黑杖礼仪官这个职位的象征是一个黑杖,它的顶端有一个金色的狮子。黑杖通常会放在他的前面,作为权威的象征。英格兰的贵族被指控犯了叛国罪时,就会被黑杖礼仪官监禁起来。因此，斯特拉福德伯爵被捕后，就被监禁在黑杖礼仪官的家里，由他看护，而下议院继续准备指控斯特拉福德伯爵的证据。

这些事发生在11月。下议院与劳德、斯特拉福德伯爵斗了整整一个冬天。劳德想尽一切办法巩固查理一世的地位，尽可能让自己和斯特拉福德伯爵免受威胁，但臣民们对他们的敌意还是不断加深。原来，下议院做了大量的工作，一方面阻止英格兰圣公会举行各种仪式，一方面加深人民对劳德和斯特拉福德伯爵的仇恨。果不其然，人们的情绪越来越激动，甚至有暴徒开始干扰伦敦和威斯敏斯特镇的一些教堂做礼拜。最终，500个暴民聚集在大主教劳德的宫殿外。宫殿位于伦敦朗伯斯区，就像前文已经说过的，就在泰晤士河岸边，威斯敏斯特教堂的对面。暴民在宫殿外面围了两个小时，砸门毁窗，企图冲进去，但以失败而告终。宫殿有重兵把守，最终击退了暴民。暴民的一个头目被抓，后来被绞死。

或许有人认为，劳德受到这么严重的迫害，人们可能会同情他，但这么多年来，劳德残忍地对待英格兰人民，用最严酷的手段镇压他们，不许他们心存任何抱怨，人民对他的仇恨已经根深蒂固。这种仇恨一旦爆发，就一发而不可收拾，愈演愈烈。下议院派信使去上议院，

第八章 斯特拉福德伯爵与大主教劳德的命运

就像对待斯特拉福德伯爵一样，说已经有充足的理由以叛国罪起诉坎特伯雷大主教劳德，要求上议院先将劳德监禁起来，直到证据准备充分。

劳德当时还是大主教，随后他接到命令，必须离职。他请求离开之前说几句话，请求被批准了。他说，人民对他如此不满，激烈地攻击他，他真的感到很难过。他有生之年最不想看到的就是被指控犯了叛国罪。他恳求上议院想想他一生的功绩，还说他确信，其实上议院的每个人都清楚，下议院不会有人真的认为他犯了叛国罪。

劳德又说，如果一定要被起诉，他希望得到公正的审判。上议院的一个议员打断了劳德，说他这么说不合适，因为诉讼方式不是为他一个人制定的。然后，劳德离职了，而议会也要考虑怎样起诉劳德。不久，劳德被传唤到下议院的法庭上，那里由黑杖礼仪官负责。随后，黑杖礼仪官将他带到了自己家里，把他严密监禁了十个星期。

在劳德被监禁期间，对斯特拉福德伯爵的审判开始了，这次审判影响很大，意义深远。下议院采取了各种手段，防止斯特拉福德伯爵逃脱罪名。后来，其中一些手段被认为既不公正，又很残酷。比如，有几个人是斯特拉福德伯爵的挚友，应该会提供一些有利的证据来支持他，可是下议院指控他们犯了叛国罪，将他们全部监禁起来，直到审判结束。下议院指定十三个人充当公诉人，这些人为了控诉和搜集证据准备了好几个月，而且所有的行动一直都是秘密进行的。最终，审判的那一天到了。威斯敏斯特大厅里都布置好了，审判就要开始了。

威斯敏斯特大厅不是用柱子支撑的。它位于威斯敏斯特宫里，议会大厦也在这里。它已经有七个世纪的历史了，举行过无数的盛会、庆典。据说，这里可以容纳一万人。现在，上议院与下议院的席位都设好了。下议院是原告，上议院负责审判。像往常一样，查理一世的座位还是象征性地设在那里。此外还设置了专门的旁听席，将围观的群众隔开。查理一世和王后可以坐着见证整个诉讼过程。

有人可能会猜想，这些深思熟虑、一本正经的准备工作可能会使斯特拉福德伯爵的敌人减少对他的仇恨，最终放过他，但这似乎没有起到什么作用。他们对斯特拉福德伯爵的深仇大恨已经积累很长时间了，既然现在有机会得到满意的结果，这些仇恨自然会全部爆发，并且十分猛烈。然而，他们很难找到确凿的证据来给斯特拉福德伯爵定罪。那些受命负责这个案件的特派员提前就分配好各自负责的起诉罪名。审判开始后，他们纷纷

斯特拉福德伯德伯爵被指控犯了叛国罪而接受审判

提出了罪名。斯特拉福德伯爵事先不知道他们负责起诉的罪名是什么,就一个接一个地回答他们。他冷静沉着,能言善辩,说话铿锵有力。他一生中所展现出来的非凡才干,似乎在这种令人敬畏的严肃场合变得更加引人注目,但一切马上就要结束了。他坚定无畏,同时很恭敬顺从。

审判持续了18天。人们变得越来越激动,可是没什么可以证明他犯了叛国罪。之前,他一直认为查理一世拥有不受限制的权力,而且按照这种想法施政。可是现在执掌大权的人不这样认为。在他们看来,斯特拉福德伯爵的死不可避免。指控他犯叛国罪只是欲加之罪,他们真正目的是通过法律手段处死他。

下议院的负责人没有仅仅满足于在威斯敏斯特大厅推进诉讼进程。他们操纵着一切,想方设法确保最后的投票结果。不过,尽管如此,斯特拉福德伯爵的辩护还是很有力量。下议院控诉他犯了叛国罪,很明显并不成功。人们甚至开始怀疑,最后的审判结果到底会怎么样。于是,下议院没有等上议院的决定,就提出了处死斯特拉福德伯爵的法案。下议院以204票对59票通过了该法案,然后递交上议院,但上议院没有批准。

就在上议院与下议院争论不休时,查理一世钦差来

第八章 斯特拉福德伯爵与大主教劳德的命运

通知,他认为斯特拉福德伯爵没有犯叛国罪,也没有任何犯叛国罪的意图。只要下议院满意,他同意治斯特拉福德伯爵的罪,从此不让斯特拉福德伯爵担任任何公职,但他坚决反对判斯特拉福德伯爵叛国罪,更不用说处死斯特拉福德伯爵了。

查理一世干预审判、支持斯特拉福德伯爵的做法引起了人们极大的不满。人们纷纷认为,查理一世干扰了上议院与下议院的审判。斯特拉福德伯爵的敌人们公开强烈抗议,处死斯特拉福德伯爵的呼声此起彼伏。凡是支持斯特拉福德伯爵的人的名字都被列入黑名单,张贴在公共场所。他们被称为"斯特拉福德伯爵党",并遭到威胁。上议院一些想救斯特拉福德伯爵的议员如果据理力争,是可以保住他的性命的,但他们已经意识到这么做会引火烧身。最后,上议院投票了。一直参与审判的有80名议员,但参加这次投票的只有46名,最终结果是35票对11票通过了该法案。缺席的34名议员可能反对法案,但因害怕而没有出庭。

现在,到查理一世做决定的时候了。议会提出的每项法案都必须由查理一世签字,因为只有他有权使法律变成现实。从理论上讲,议会通过的任何法案都只是供国王参考的建议。查理一世坚决反对给斯特拉福德伯爵定叛国罪，拒绝签字。同时，他让枢密院讨论这件事。枢密院经过仔细斟酌后，建议他签字。枢密院认为，没有更好的办法平息这场可怕的风暴。查理一世应该考虑整个国家的和平与安定，不应只关注某个人的生死，不管他有多么无辜。人民围住查理一世的宫殿，大声喊着"正义！正义！"空气中充斥着威胁和诅咒。牧师们做布道强烈要求惩治罪犯，他们详细讲述了一些地方法官犯下的罪，控诉国王的袒护使他们免受惩罚。王后也慌了，哭着恳求查理一世不要抗争了。这时，查理一世收到了一封信，是被囚禁在伦敦塔的斯特拉福德伯爵写的。斯特拉福德伯爵请求查理一世不要再抗争，在法案上签字。

在英格兰历史上，伦敦塔非常有名。虽然它只是被简单地称为"塔"，但事实上，它是面积广大的建筑群。这些建筑修建年代不一，大小、形状各式各样，它是为保护伦敦而建造的防御工事。

斯特拉福德伯爵信的内容如下：

陛下，您要安心，不要自责。我恳求您防止矛盾进一步激化。如果您拒绝签署法案，那么后果不堪设想。陛下，只要我同意，您就不

伦敦塔，绘于19世纪

会受到上帝的谴责,不会有什么伤害到一个甘愿献出生命的人,因为上帝的恩典,我原谅所有的人。我感到平静、祥和,我的灵魂得到无尽的满足。陛下,我只求您屈尊照顾我可怜的儿子和他的三个姐妹,不要让他们因为父亲的不幸死亡,而在今后遭罪。天佑吾王!

看到信后,查理一世决定签署法案。他不忍心亲手签字,就命两个枢密院大臣以他的名义签字,然后派钦差去向斯特拉福德伯爵宣布了该法案,并告知他准备赴死。钦差发现斯特拉福德伯爵大吃一惊,他引用了《圣经》的几句话,非常绝望地说:"不要信赖权贵,不要倚靠世人,他们不能拯救你们。"斯特拉福德伯爵竟然觉得失望,这引起史学家们的疑问——既然他主动请求查理一世批准处死他的法案,怎么会感到失望呢?后来,一些史学家推断,其实斯特拉福德伯爵不是真心想让查理一世签字。他这么做的目的是让查理一世觉得他的行为高尚,从而使查理一世更不愿意签字处死他。还有一些史学家认为,这封信是伪造的,是斯特拉福德伯爵的敌人写的,目的是让查理一世不再抗拒,快点儿签字。读者再次细读这封信,或许会有自己的判断:这封信是

第八章 斯特拉福德伯爵与大主教劳德的命运

斯特拉福德伯爵的敌人伪造的，还是由这个斯特拉福德伯爵写的。即便是签署了处死斯特拉福德伯爵法案，查理一世也没有完全放弃拯救斯特拉福德伯爵的打算。他给议员们写了下面的这封信：

> 昨天我已经签署处死斯特拉福德伯爵的法案，满足了人民对正义的要求。但对我而言，仁慈和正义都是固有的、分不开的。所以，此时此刻，我希望能够在某种程度上展示我的仁慈，让不幸的斯特拉福德伯爵在监狱里过完他的一生。如果他有一丝逃跑的打算，或者直接或间接的干预政务，尤其是通过给我捎口信或者写信来干预，就让他付出生命的代价，再也没有商量的余地。如果臣民们同意这个要求，那我就心满意足了。但如果臣民们非要处死斯特拉福德伯爵才满意，我只能说让正义被彰显吧。我再次建议你们考虑我的想法。就写到这里吧！

议员们不同意查理一世的想法。处死斯特拉福德伯爵的法案签署三天后，他们就开始准备将斯特拉福德伯

查理一世

爵送上断头台。劳德是斯特拉福德伯爵的朋友,他们一起为查理一世效力。现在,劳德被关在伦敦塔里,等着审判的到来。他不被允许与斯特拉福德伯爵见面,但斯特拉福德伯爵情人带话给劳德——在他经过的时候,劳德要站在窗前,跟他告别,给他祝福。劳德答应了。斯特拉福德伯爵经过劳德的窗前时,请求劳德为他祈祷。现在,劳德快70岁了。他情绪失控了,倒在了侍从的身上。"上帝保佑你。"斯特拉福德伯爵说,然后平静地走了。他像英雄一样镇定自若,勇敢地走到刑场,跟周围的人自由地说话,声称他是无辜的,给他缺席的朋友们捎去口信,说他是心甘情愿死的。

  断头台是一处略高的平台,上面放着一块砧板和几把椅子。砧板和椅子盖着黑布。死刑执行前,犯人的一部分衣服必须放到一边。这样一来,大斧才能完全砍到犯人的脖子。斯特拉福德伯爵亲自将那部分衣服取开,而且边取边说他不怕死,要把头放得很舒服,就像平时放在枕头上那样。

  斯特拉福德伯爵被处死后,查理一世发现自己的处境一点儿都没有改善。随着下议院影响的扩大、权力的增加,议员们变得越来越放肆,继续与查理一世作对。劳德在监狱里熬了4年后,他们觉得是时候在上议院再

斯特拉福德伯爵被送上断头台

次举行一场庄严、神圣的叛国罪审判了。查理一世被迫签署了处死劳德的法案。当斧头落下时,劳德70多岁了。临刑前他说,与敌人相比,他渴望领死。

第九章

内战爆发

精彩看点

查理一世和议会决裂——查理一世改变了策略——反对王权的议员——钦差出现在下议院——宠臣们主张对下议院强硬——查理一世在下议院的演讲——逮捕被指控犯叛国罪的人——可怕的风暴——查理一世与议会都开始备战——支持国王和议会的不同力量——约翰·汉普登之死——鲁珀特王子——请愿的妇女们——威尔士亲王查理——查理一世来到牛津——查理一世决定投降

最后，查理一世和议会决裂了。事情是这样的：在斯特拉福德事件上取得胜利后，臣民们的信心增加了，力量增强了。查理一世发现，几个月过去了，他们非但没有适可而止，反倒欲壑难填。他越退让，他们越进逼。换言之，他们越来越放肆了。他们认为，与专制统治斗争是在做大事、好事，而查理一世却认为他们既侵蚀了政府的根基，又危害了神圣不可侵犯的王权。

读者可以回想，从前只要与议会发生冲突，查理一世就解散议会，然后要么不开议会，独立执政，要么重组议会，选择顺从他的新议员。审判斯特拉福德伯爵期间，下议院提出一项法案——从今以后没有议员们的同意，议会不得休会。下议院同意了，但上议院不同意，但不敢拒绝。虽然查理一世极不愿意签署该法案，但当时可怕的气氛和危险吓坏了他。最终，他签署了法案。

这样一来，无论他认为下议院的行为多么危险，多么具有破坏性，都不能再像以前那样解散议会了。

因此，虽然他一边很不情愿地退让，一边做了很多斗争，但形势对他越来越不利，他被迫屈服。直到临近1641年，他不再退让，调转枪口，决定与敌人周旋到底。随着查理一世策略的改变，臣民们都震惊了。

查理一世打算逮捕、监禁那些积极反对王权的议员，然后以叛国罪审判他们。他之所以有这样的打算，一方面是因为他受到了亨丽埃塔王后的影响，另一方面他受到了一些宠臣的怂恿。这些宠臣根本不知道形势的严重性。他们认为，议员们肆无忌惮是国王的妥协退让造成的，现在只要国王强硬起来，议员们就会屈服。他们向查理一世建议道："毫不犹豫地反击他们，抓住率众闹事的议员，审判他们，给他们定罪，处死他们，杀鸡儆猴！做这些事时只要雷厉风行，坚决果断，绝不手软，您很快就会改变形势。"

查理一世采纳了他们的建议，确实改变了形势，但结果事与愿违。一天，钦差突然出现在下议院，宣读了控告下议院影响力最大、最受欢迎的五位议员犯叛国罪的罪状。下议院震惊了。钦差要求议员们听取国王的证据。下议院立即回应道，如果有人想搞"欲加之罪，何

17 世纪 40 年代的亨丽埃塔王后

患无辞"那一套,就会遭到下议院的坚决反对,而且这种反对是合法的。

第二天另一位钦差来到下议院,说:"我遵从陛下的命令,他是我的主人,我效忠他。他命令我来下议院,要求下议院交出那五位议员。我要以国王的名义,以叛国罪逮捕他们。"议员们听完,说要考虑一下。

查理一世的宠臣们主张对下议院强硬,而一切都取决于国王的决心和决定。没过多久,查理一世决定亲赴下议院,向议员们施压。宫里的一位贵妇获悉查理一世的打算后,就偷偷向下议院报信。查理一世带着禁卫军和几个贴身侍从直奔下议院。据说,禁卫军多达500人。

查理一世令禁卫军和侍从守住下议院入口,然后就走了进去。下议院获悉查理一世要来的消息后,就让那五个被控诉的议员离开了。

查理一世走到下议院议长的椅子旁边坐下,然后说了下面这番话:

> 昨天,一位钦差奉命来这里逮捕被控犯了叛国罪的议员,我期待你们服从命令,而不是口头答应。在这里,我必须向你们宣布,虽然英格兰没有哪位国王比我更尊重你们的权利,

17世纪40年代的查理一世

但你们必须知道，说到叛国罪，谁也没有特权。因此，我来看看被控犯了叛国罪的人是不是在这里。我必须告诉你们，只要我控告——不是以轻微的罪名，而是以叛国罪——的那些人在这里，我就不指望下议院能够像我衷心希望的那样站在正义的一边。因此，我来是要告诉你们，无论在哪里发现他们，都要逮捕他们。

接着，查理一世环视一圈，发现被控告的那几个人不在，继续说道：

好吧！我知道"鸟儿"飞走了。我希望他们一回到这里，下议院就把他们送到我这里来。但我向你们保证，我非但没打算动粗，反倒会以合法、公平的方式起诉他们。我要强调一下，如果你们不把他们交给我，我肯定会用自己的方式找到他们。

国王亲赴下议院已经很不寻常，而亲自要求下议院遵王命行事，简直是异常了，也许这在英国历史上也是空前绝后的。查理一世说完，转身问下议院议长那些人

第九章 内战爆发

在哪里。此刻，禁卫军就在门外，准备抓捕他们。我们很难完全理解，这种突发事件给下议院议长的心理和勇气带来了多么严峻的考验，因为我们无法理解当时的人们对王命所表现出的不折不扣的敬畏与顺从。下议院议长经受住了考验，他的表现获得了赞赏。他跪在查理一世面前，说："陛下，在这里我既不能洞察一切，也没有发言的资格。下议院指挥着我，我是它的公仆。我诚恳地求您原谅，因为我不能给您任何您想从我这里听到的答案。"

下议院马上陷入了混乱。议员们高呼着"特权！特权！"以此来抗议他们的特权被侵犯了。接着，下议院就休会了。这件事很快传遍了大街小巷，引起了热议。查理一世如此轻率、愚蠢的行为使支持者们深感震惊。此事只有查理一世的一个谋臣清楚。据说，事发后他立即逃走了。受到控诉的五个议员当晚去了伦敦，号召伦敦人保护他们。于是，伦敦人民武装了起来。到了晚上，查理一世才意识到，原来他引发了如此危险、可怕的风暴。

第二天早上，虽然下议院开会了，但议员们不打算处理任何事务，只想说明"他们的权利遭到践踏，继续议事没有意义了"。最后，他们指定了一个由24人组成的委员会，调查查理一世闯入下议院的事，研究如何改变国王侵犯下议院特权的现状。委员会奉命在伦敦开会，开会期间不会受到干扰。下议院宣布休会一周，等待委员会的调查结果。

  与此同时，有消息传遍整个国家，说国王非法侵犯议员权利的行为，导致下议院被迫休会。查理一世很惊慌，但他的宠臣们告诉他，现在不能动摇，必须坚持下去，否则会一败涂地。于是，他就继续坚持。他将军队集结在白厅宫，做好反击的准备。他派钦差去伦敦，要求市长将官员们召集到伦敦的市政厅。然后，他带着一群贵族去见他们。当他走过时，有些人喊道："议会的特权！议会的特权！"另一些人喊道："犹太人，回到你的帐篷里去！"——这是古代希伯来人抗议的口号。查理一世进入市政厅后，讲了下面这番话：

> 我来寻找那些被指控犯叛国罪的人，有人认为他们就藏在伦敦市。你们都是正义之士，我希望你们不要包庇起来。我希望得到你们的帮助，使他们受到法律的惩罚。

  过了三天，查理一世下旨，命令各地官员逮捕那些被指控犯叛国罪的人，然后将他们送到伦敦塔。

白厅宫,绘于17世纪

由 24 人组成的委员会继续在伦敦开会。下议院再次开会的日子到来时，伦敦人准备堂而皇之地将委员从市政厅护送到威斯敏斯特。当时，伦敦各地之间交通就像现在一样依靠泰晤士河，但不同的是，当时的工具是小舟，现在是轮船。

船工是一个庞大的群体。这次他们也参加了护送委员的工作。查理一世闻讯，开始担心自己的安全，就离开白厅宫去了汉普顿宫。

委员会调查的结果是，近期发生的事严重侵犯了议会的特权，具有很强的煽动性和破坏性，和平面临危险；议会的特权已经被践踏，如果国王不交出幕后黑手，并严惩他们，那么再也无法恢复了。

温莎城堡

第九章 内战爆发

查理一世越来越害怕。舆情汹汹,他难以承受。现在,连汉普顿宫也不安全了,他不得不前往守卫牢固、远离伦敦的温莎城堡。现在他决定妥协。经过深思熟虑,他给议会捎去口信,说既然这么多人怀疑他控诉五名议员侵犯了议会的特权,那就暂时不控诉他们;但当臣民们恢复平静,他会再次起诉他们,因为谁都不会因叛国罪而免受处罚。他承诺,从今往后他会像对待自己的生命或王冠一样尊重议会的特权。这无疑表明他认输了,但时间太迟了,覆水难收了。臣民们越来越激动,不可收拾。

斗争持续了几个月后,查理一世与议会都开始备战。查理一世发现待在伦敦附近不安全,就退到了约克郡,然后召集支持者。议会送来一份声明,说如果他不解散

那些支持者,他们就不得不采取措施,保卫国家安全。查理一世也发表了声明,号召臣民们站在他这一边。总之,在盛夏到来之前,整个国家就陷入内战的恐怖中了。

内战是一个国家几方政治力量之间的战争,比其他战争更残酷、血腥。内战会导致仇恨,仇恨会分裂国家,国家分裂会产生更大范围的冲突。如果法国和英格兰爆发战争,当法军入侵英格兰时,英格兰人就会众志成城,一致对外。丈夫、妻子、父母、儿女、邻居、朋友会比以前更团结。战争血流成河的可怕场景要么局限在一些地区,要么局限在侵略军的所经之地。

然而,内战中一切都不一样。各村都会内讧,甚至每个家族也会。与对待外国敌人相比,将士们之间的敌意和仇恨更强烈。一开始,我们可能会感到惊讶,甚至会认为,无论在哪里与邻居战斗,过去的友谊、善意的回忆以及各种割舍不断的联系,会减少他们的愤怒,使他们相互体谅、彼此宽容,但真实的情况是他们会认为对方不仅是敌人,还是叛徒。因此,他们更加憎恨对方。如果一个英格兰人跟一个法国人战斗,尽管没有任何特殊的仇恨,但有杀人的冲动。英格兰人认为法国人是他的敌人,甚至觉得这样想是理所当然的,如果有本事,就会杀死他。虽然他恨法国人,但到底还会有一种天生的善心。然而，当和自己的同胞在内战中战斗时，他就会单纯地厌恶、憎恨邻居和朋友。在他看来，他们比最残忍的外敌更可恶。因此，与其他人为的灾难相比，内战更可怕。

在国王和议会的斗争中，各种力量要么支持国王，要么支持议会。信奉国教的教徒们都支持国王，长老会教徒支持议会；贵族们支持国王，手工业者与商人等都支持议会。国王和大地主控制着农村，议会控制着城镇。就这样，一切都分开了，每个家族都爆发了内讧，国家的和平和幸福都毁了。

双方开始召集军队，为战争做准备。战争爆发前，一个大臣劝查理一世派钦差去伦敦，向议会提出和解条款。于是，查理一世就派南安普顿伯爵去上议院，另派两个人去下议院。其实，他没有指望讲和，而是想争取时间一方面整军备战，另一方面向臣民们表明，为了避免内战，他竭尽全力了。钦差们到了伦敦，分别进了上议院和下议院。

上议院要求南安普顿伯爵离开，然后以书面形式递交谈判内容。之后，上议院让他离开伦敦，等待回复。下议院仍然充满敌意，要求钦差到法庭去，就像对待卑微的罪犯一样。

南安普顿伯爵

第九章　内战爆发

查理一世的建议是，双方分别指定一定数量的委员见面协商，争取达成实现和平的条件。议会的答复是，为了和平，已经尽力，但国王调集军队的行为不可接受，国王称议员们为叛徒的宣言也不可接受，除非国王解散军队，收回宣言，否则议会绝不会与他谈判。

查理一世回应道，他本来就没打算称议员们为叛徒。只要议会收回污蔑他的追随者是叛徒的宣言，他就会收回称议员们为叛徒的宣言。结果，双方互相指责，都不愿意让步。最后，和解的希望彻底破灭，大战就要爆发了。

贵族都支持国王，他们带着金银珠宝和仆人来到国王身边。查理一世的军队有两支，一支由贵族组成，一支由贵族的仆人组成，两支军队紧紧团结在一起。贵族对效忠国王矢志不移，城镇市民对效忠议会也矢志不移，这场战争持续了四年。期间，军队在全国范围内作战，他们去哪里，哪里就遭到破坏。整个国家满目疮痍。

在一场战役中，著名的约翰·汉普登——就是那位拒绝纳税的先生——死了。他才华横溢，一直支持议会。一次，查理一世的外甥鲁珀特王子率王军与议会军激战。战斗结束后，一大批俘虏被鲁珀特王子带到了营地里。其中一个俘虏说，在战斗结束前，他看见约翰·汉普登垂着头，双手紧抱着马脖子离开了战场，显然他受伤了。

约翰·汉普登身着铠甲的半身像

第九章 内战爆发

第二天,他们听说约翰·汉普登的肩膀被打伤了,接着引发炎症,高烧不退。几天后,他就在巨大的痛苦中去世了。

在内战中,鲁珀特王子是闻名遐迩的风云人物。他年富力强,热情澎湃,有勇有谋。他身先士卒,不怕牺牲。他是查理一世的姐姐伊丽莎白公主的儿子,伊丽莎白公主嫁给了巴拉丁选帝侯,这在前面已经讲过。除了军事才能卓越、战功赫赫,鲁珀特王子通晓许多科学知识,在哲学、艺术上也有很深的造诣。有一种金属雕版比普通雕版容易操作,而且效果独特。据说,这种雕版就是鲁珀特王子发明的。他发现,把熔化的玻璃倒进水里,就会形成带有细长尾巴的、圆润的珠子。如果轻敲尾巴的末端,就会引起爆炸,整个珠子都会炸得粉碎。现在这种玻璃滴经常展出,被称为"鲁珀特王子的玻璃滴"。鲁珀特王子还发现一种韧性非常好的金属物质,并用其来铸造大炮。从前,大炮很重,很难运到战场上,当这种金属物质被发现后情况就改变了。

内战期间,虽然国王和议会之间的大战不断,但有时会暂时停战,进行和谈,但和谈很难真正实现。他们都认为对方是叛国者,所以和谈存在无法克服的巨大困难。人民已经厌倦战争,尽管查理一世提出过一些和平

青年时期的鲁珀特王子

第九章 内战爆发

主张,但议会不接受。于是,一大批妇女聚集起来,帽子上系着白丝带,去下议院请愿,要求和平。最后,议会大门外聚集了5000人。她们大声喊道:"和平!和平!把反对和平的叛国者交给我们,我们要把他们撕成碎片。"门口的士兵接到了朝人群开火的命令。虽然他们开了枪,但只装了粉末。他们原想吓走她们,但她们嘲笑他们,向他们扔石头,最后竟然把他们赶走了。随后,其他军队被派过来,士兵们拿剑围住她们,砍向她们的脸和手,就这样驱散了她们。

内战期间,王后从欧洲大陆返回,支持查理一世。然而,在返回的途中,她遇到了困难和危险。英格兰舰队指挥官奉命拦截王后。王后虽然有四艘船护航,但还是不得不躲避,最后在一个叫伯灵顿的镇登陆,该镇又叫"布里德灵顿",归约克郡管辖。布里德灵顿风景如画,离闻名遐迩的夫兰巴洛岬不远。

这时,王后既焦虑又疲劳,希望停下来休息几天,于是就在海岸附近一所房子里住了下来。第二天晚上,英格兰舰队指挥官率舰队过来了,并向王后寄宿的房子开火,当时王后和仆人们都还在睡觉。大炮的轰鸣声、炮弹划过夜空时可怕的呼啸声,惊醒了镇子上所有的人。惊慌失措的人们来到王后寄宿的房子里,请求她快点儿离开。他们说附近的房子都被炸毁了，王后的房子也在劫难逃，甚至连王后也有可能被杀。其实，他们更是在考虑自己，而不是王后的安全，因为王后一走，灾难即消。

人们的预料很快应验了，两枚炮弹接连落在王后的屋顶上，炸裂了屋顶、楼层。王后匆忙穿上衣服，和仆人们步行离开。一路上，他们身后都是炮弹爆炸的声音。

突然，王后的一个仆人被炸死了。其他人发现形势太危险了，就在一个壕沟里停了下来。在英格兰，这种壕沟通常都是挖成的，上面用篱笆围住，如果有动物掉进里面，就再也出不去了。他们在里面躲了两个小时。其间，炮弹呼啸而过，就像有大军靠近一样。虽然炮弹炸起的土有时会盖在他们身上，但他们没有受伤。最终，攻势弱了下来。英格兰舰队指挥官的旗舰差点儿搁浅，不得不起锚撤退了。王后和仆人们如释重负。像炮轰一个手无缚鸡之力的妇女这么残酷的事情只有在内战中才会出现。

王后一回到丈夫的身边，就在很多方面提供了必要的帮助。她用自己的影响力，帮助丈夫筹集资金，招募军队，国王实力的增强离不开王后的帮助。最后，她又回到法国，去了巴黎，继续帮助国王。一次战役中，国王被打败了。议会军得到了他的包裹，发现了一封他写给王后的信。他在信里表示除非议会做出彻底的让步，否则他决不会屈服。

随着时间的流逝，国王的实力越来越弱，而议会的力量却越来越强。最后议会胜利已成定势。查理一世从一个地方撤退到另一个地方，一直都有敌人追击。每经过一次战役，查理一世的力量就变弱一些。当时，威尔士亲王查理大约15岁，奉命去大不列颠岛西部，如果战局继续恶化，就要立即离开英格兰，去巴黎找自己的母亲。局势变得越来越危险了。负责威尔士亲王查理安全的人先是把他送到了锡利群岛，接着是英吉利海峡的泽西群岛。威尔士亲王查理经泽西群岛，去了巴黎。15年后他才重返伦敦，当时的场面盛大。在人民的欢呼声中他继承了王位。

查理一世从一个避难地被赶到另一个避难地，最后来到牛津。他沮丧地度过了1646年的春天，他的朋友们抛弃了他，资金也用光了，于是他的希望破灭了。他向议会提议和谈，如果他的安全能得到保障，他就回伦敦。议会的答复是禁止他来伦敦，因为他们既不想听什么建议，也不会和谈。议会很清楚，胜券已经在握，决心让国王无条件投降。查理一世在牛津受到各方面限制，陷入了绝境。

与此同时,两年前苏格兰人组建的那支军队越过北部边境,进入英格兰。他们虽然也背叛了君主制和主教制度,但从某些方面来说跟那些与国王斗争很长时间的敌人不一样。如果必须向其中一方投降,查理一世宁肯向苏格兰人投降。何去何从?他犹豫了很久。最后,他决定逃离牛津,向苏格兰人投降。

第 十 章

军队与议会的斗争

精彩看点

查理一世去了苏格兰人那里——苏格兰人接纳了查理一世——议会的公告——纽瓦克镇投降——关于如何处置国王的谈判——苏格兰人交出了国王——国王是否被出卖——国王身陷囹圄——霍尔姆宫——苏格兰牧师——查理一世收到王后的来信——奥利弗·克伦威尔打算劫持国王——掌旗官乔伊斯——乔伊斯打算强行带走国王——乔伊斯觐见国王——乔伊斯的权威——查理一世被带到剑桥——戒备森严——金氏病——汉普顿宫——查理一世和孩子们见面——国王逃离汉普顿宫——卡里斯布鲁克城堡——哈蒙德上校——查理一世再次被软禁——奥斯本的逃跑计划——罗尔夫的毒计——罗尔夫发现了奥斯本的计划——查理一世近乎沦为囚犯——查理一世的悲惨状况

议会军包围牛津后，竭力阻止查理一世突围。于是，查理一世和支持者计划出逃。一天，查理一世向三位城门官传令，夜里有三个人奉命出城办事，他们会发出特定信号，看到信号务必放行。各城门官都收到了这样的命令，但他们只以为自己收到了命令，不知道其他城门官也收到了。

到了夜里，查理一世和另外两个人出发了。其中有个人叫阿什伯纳姆，查理一世扮成了他的仆人。他们骑着马，查理一世的马背上搭着一个旅行包。于是，查理一世就更像一个仆人了。这天是4月27日。4月28日，牛津的所有人都知道国王不见了，但没人知道他去了哪里，甚至都不知道他从哪个城门出的城。

此时，苏格兰人在纽瓦克城外扎营。纽瓦克位于英格兰中部的特伦特河畔，离伦敦约120英里。纽瓦克有

纽瓦克城堡,绘于19世纪

一个宏伟坚固的城堡，所以固若金汤。纽瓦克人对国王忠心耿耿。苏格兰人虽然已经围攻纽瓦克多时，但这里的守将绝不投降。查理一世决定经纽瓦克去苏格兰军营。他认为自己是以国王的身份前来的，或者更确切地说，是他希望苏格兰人这么想，但苏格兰人会认为他是来投降的，将他视为俘虏。

发现国王从牛津逃走，议会警觉起来，并且在5月4日发布了公告：任何藏匿国王或者知道国王藏身之处但没有及时向议会报告的，都会被以叛国罪处死。然而，公告发布后，没有人发现国王的踪迹。5月5日，查理一世安全到达了纽瓦克。

苏格兰的莱斯利将军禀告查理一世，为了确保他的安全，大军应该北撤，但是现在不能撤退，除非纽瓦克投降，接着就诱导他向纽瓦克守将下令，敦促其投降。最后，苏格兰人占领了纽瓦克，派军驻守，然后北退。查理一世和莱斯利将军走在最前面。

苏格兰人对查理一世毕恭毕敬，但严格监视他的一举一动，并且派人通知英格兰议会说国王在他们手里。然后，苏格兰人和英格兰议会就开始了漫长的谈判。首先面临的问题是，英格兰和苏格兰都有处置国王的权利。英格兰人说是他们对国王宣战的，而不是苏格兰人，而

莱斯利将军

第十章 军队与议会的斗争

且是他们打败了王党军,包围了国王,最终逼迫他投降,因此苏格兰人应该把国王交给英格兰议会。苏格兰人认为虽然英格兰人先向国王宣战的,但国王不仅是英格兰的国王,也是苏格兰的国王,加之现在他被苏格兰人控制,所以应由苏格兰人处置。英格兰人还是认为苏格兰人无权处置国王,坚持带走国王。苏格兰人认为他们曾经是英格兰的盟友,出了不少力,所以英格兰人应承认国王是他们的俘虏,让他们来处置国王。

最终,英格兰与苏格兰没有达成一致。与此同时,查理一世随苏格兰大军撤到了边境线上。不久,英格兰人和苏格兰人开始谈判苏格兰对王党军作战的军费问题。苏格兰人要求英格兰人支付200万英镑。这遭到英格兰人的拒绝,英格兰人只愿支付20万英镑。最终,双方达成协议,英格兰人支付40万英镑。到了1647年1月,苏格兰人同意把国王交给英格兰人。

世人都指责苏格兰人为了40万英镑出卖了国王,但这遭到苏格兰人的坚决否认。苏格兰人说把国王交给英格兰跟40万英镑没关系,40万英镑是他们该得的军费。至于把国王交给英格兰,只是因为他们觉得这样做是对的。不过,国王的支持者对此不以为然,坚信这笔钱是出卖国王得来的。后来,国王被处死,他们就称这

查理一世

笔钱为"卖血钱"。

苏格兰人决定把国王交给英格兰人时,国王正在纽卡斯尔。自从向苏格兰人投降后,查理一世放松了许多。自由活动时,他经常自娱自乐。当把他交给英格兰人的公函送来时,他正在下棋。他读完信,继续下棋。周围没人从他的举止和表情中看出信的内容有什么异样。或许他还没有意识到这封信意味着他的命运将会发生翻天覆地的变化。

当时,英格兰北安普敦郡有个霍尔姆小镇,那里有个美轮美奂的宫殿,叫"霍尔姆宫"。霍尔姆宫是查理一世的母亲送给他的。当时,他还年轻,被封为约克公爵。他的父亲詹姆斯一世在位,而他的哥哥亨利是王储。霍尔姆宫金碧辉煌,所有房间都舒适优雅,供国王招待宾客。国王过着锦衣玉食的生活,有很多仆人侍奉。尽管内战结束了,但国王和对手仍然在较量。王权和议会的权力都是不容挑衅的。查理一世希望有自己的圣公会牧师,但议会不同意,就派给他两名长老会牧师。查理一世不让他们饭前祷告,而是自己祷告。每逢安息日他们在小教堂里布道时,他从不出席。

纽卡斯尔曾发生过一件类似的事情,当时查理一世镇定自若。某日,议员们带查理一世去城堡的教堂里旁

第十章 军队与议会的斗争

听苏格兰长老会牧师给驻军布道。牧师在查理一世面前布道好一阵儿。他们为自己的无畏感到自豪,同时宣扬了他们所谓的责任。为了表达自己的忠诚,牧师以一首赞美诗结束了布道。

"我们将唱第五十一首赞美诗:'暴君,你为何自夸,还赞美自己的罪恶?'"

查理一世镇定自若。

当信徒们即将开始唱赞美诗时,查理一世的目光扫视那页纸。在第五十六首赞美诗中,他找到了自认为更合适的一章。他站起身来,用非常悦耳的声音说道:

"我们将唱第五十六首赞美诗:'主啊,我求您,求您怜悯我,因为人将吞噬我。'"

在霍尔姆宫时,查理一世有时会在卫兵的陪同下去附近的村庄,那里有可打保龄球的绿地。一天,查理一世又去了附近的村庄。桥上站着一位身穿工作服的男士,查理一世走过时,他递上一个包袱。负责监督查理一世的议员——其中几个常常随他去村庄远足——立即抓住此人。查理一世告诉他们,王后寄来了一封信,只是问他一些关于儿子的事。当时,王后和年轻的威尔士亲王正在巴黎①。议员们虽然很满意,但还是把被捕的那个

---

① 详情参见《查理二世:斯图亚特王朝复辟与开明统治》。——译者注

纽卡斯尔

人送至伦敦。议会先是将他关进监狱,然后下令辞退国王的所有随从,接着软禁了国王。

现在战争已经结束,议会准备解散军队,但军队却不希望被解散。军官们很清楚,军队一旦解散,他们只能回家做平民了,再也不重要了。随后,军方和议会进行了长时间的谈判,最终双方关系破裂。革命结束时,这种情况总是出现。历史证明,一旦军队坐大,政府便无法驾驭。

此时,奥利弗·克伦威尔已成为军中最具影响力的领导人。他虽然不是形式上的总司令,但却是事实上是的掌权者。他胸怀大志、精力充沛,时刻准备行动。他打算将国王从议会那里夺走,然后由他的军队控制,于是就策划了劫持国王的计划。过程如下:

克伦威尔派掌旗官乔伊斯率骑兵执行劫持国王的计划。午夜时分,乔伊斯就率部到达了霍尔姆宫,然后要求立即进宫。其实,乔伊斯还没到达时,警报就传到了霍尔姆宫。于是,霍尔姆宫卫兵数量增加了两倍。霍尔姆宫的守将问掌旗官姓甚名谁、来此作甚。他说他是掌旗官乔伊斯,要跟国王会谈。霍尔姆宫的守将问他是何人所派。他说,无人所派,但一定要见国王。霍尔姆宫的守将命令士兵左右列队,立即开火。不过,霍尔姆宫

奥利弗·克伦威尔

掌旗官乔伊斯

第十章 军队与议会的斗争

的守将最后发现乔伊斯的部队是友军,就称兄道弟起来。很快,卫兵打开了大门,放乔伊斯进入了宫殿。

宫殿各门原由监督国王的苏格兰军队守卫。乔伊斯进入宫殿后随即向各门派兵,接着向查理一世的房间走去。他的枪上了膛,随时准备扣动扳机。乔伊斯敲了敲门,国王的四个侍从从门里斥责他夜间捣乱,并告诉他如果有什么事要和国王商量,应该等到次日早晨。

乔伊斯非但没有接受,反倒猛敲房门。上膛手枪带来的恐惧以及乔伊斯的汹汹气势和坚决态度吓坏了侍从们,他们很清楚这个人得罪不起。查理一世得知事情的来龙去脉后,要求乔伊斯必须离开,等到次日早晨,因为他不会在这个时候起来接见乔伊斯。据当时一位历史学家的描述,乔伊斯"怒发冲冠,而后撤退"。

次日早晨,乔伊斯被带到国王的住所。查理一世说希望苏格兰议员在场。乔伊斯回答道,苏格兰议员们无事可干,就返回伦敦的国会了。查理一世说想看看他有没有权威。乔伊斯立即命令骑兵到内殿里巡视。查理一世透过窗户一览无余。乔伊斯说:"陛下,这就是我的权威。"对查理一世而言,他的生活时而激动不已,时而充满危险。面对种种考验和困扰,他早已镇定自若。此时,他正专注地看着眼前这个人,心想乔伊斯的骑兵

查理一世

是装备精良的劲旅。

过了一会儿,查理一世转向乔伊斯,微笑着说,已经看出他的权威了。乔伊斯说他奉命带走国王。查理一世说,除非苏格兰议员同去,否则他不会离开这里。乔伊斯没有反对,说只要苏格兰议员乐意就可随行,但国王必须去。

乔伊斯和查理一世一行离开了霍尔姆宫。他们白天赶路,晚上就暂住在朋友家,两天后到了剑桥。军队的主要将领接待了国王,竭尽所能地向国王表示尊敬之意。他们引导国王从剑桥出发,视察各镇,有时还会在一个地方停留数日。一名强壮的卫兵随侍查理一世左右。无论他到哪里,都备受尊重。骑马消遣时,他获得了一定的自由。不过,为了防止他逃跑,军队采取了各种预防措施。

国王必经之地,人山人海;国王的会见厅,人满为患。一个原因是他们尊敬和崇拜国王,另一个原因却非常奇怪。当时有一种叫"瘰疬"的疾病,又叫"金氏病"。这种病很难治愈,普通治疗方式不起作用。在查理一世时代,英格兰百姓普遍认为,如果国王摸一摸患有这种病的人,他就会逐渐康复。因为这种病只有国王才能治愈,所以这种病就得名"金氏病"。现在,查理一世很少出去,因为他一外出,人们就会闻风而来。所有疑似

查理一世被捕

患了瘰疬的人都会出现在他的必经之路上，希望经他一摸，病就好了。

到了夏天，查理一世被带至汉普顿宫。汉普顿宫非常美丽，坐落在泰晤士河畔，离伦敦很近。他在汉普顿宫待了一段时间。其间，他与自己的两个子女见了面。他见到的不是自己的大儿子查理——查理还在法国，而是伊丽莎白公主和格洛斯特公爵亨利。他从孩子们那里了解到，他们由一位贵族照顾，没有受到怠慢。

查理一世与家人分开已经很久了。现在终于见到了家人，他既高兴又欣慰。毫无疑问，他深爱家人们。

查理一世在汉普顿宫待了两三个月。其间，军队和议会的冲突充斥着伦敦。军队和议会之间的谈判无休无止，军队、议会与国王的谈判持续不断。查理一世觉得自己像是在坐牢，而汉普顿宫就像是牢狱，而且对他的限制无处不在。议会和军队对他的关心实际上全是监视。他实在无法忍受，就决定逃走，从而摆脱束缚。他也许会想，要恢复自己的显赫地位，召集大军为宏图大业而战；也许会想应该逃离英格兰。究竟何去何从？他还没有决定，但当务之急是获得自由，然后根据实际情况做决定。

无论如何，查理一世逃走了。一天晚上大约 10 时，

第十章 军队与议会的斗争

汉普顿宫的侍从来到国王的房间,发现他不见了。桌子上放着查理一世留下的信,有给英格兰议会的,有给军队司令的,有给之前在汉普顿宫监视他的将士们的。大约在几个小时前,查理一世就离开了汉普顿宫。他步行穿过花园,一直走到河边,那里有一条提前准备好的船。他乘船来到对岸,有几个军官带着几匹马正在那里等待,他们是来接应他的。他骑上一匹马,然后和其他人飞驰而去。

他们走了一夜。天蒙蒙亮时,他们进了一个女伯爵的府邸。女伯爵对国王忠心耿耿,国王非常信任她。虽然女伯爵将国王藏好了,但大家心里明镜似的,这里只能暂避,不能久留。加之,女伯爵没有一兵一卒,所以他们开始策划安全离开。

伯爵夫人的府邸靠近英格兰南部的海岸,离怀特岛不远。当时,怀特岛中部有个卡里斯布鲁克城堡。后来,城堡大面积损毁,但遗迹至今还在。怀特岛的总督是哈蒙德上校,卡里斯布鲁克城堡也由他治理。哈蒙德上校是查理一世的一位牧师的亲戚。于是查理一世就想,哈蒙德上校或许能帮助他。他派两名侍从去怀特岛见哈蒙德上校。侍从们问哈蒙德上校,如果国王来到怀特岛,他会不会收留并提供保护。哈蒙德上校问他们国王在哪里。他们说,按照国王的吩咐,除非哈蒙德上校承诺保护国王并且不能软禁国王,否则不能相告。

令查理一世吃惊的是,侍从们将哈蒙德上校带了回来。查理一世问他们是否得到哈蒙德上校提供保护的书面保证。他们说没有,但哈蒙德是一个信得过的人。查理一世慌了,说:"你们背叛了我,我现在是他的俘虏了。"看到国王惊慌、失望的样子,他们建议,为了确保安全,立即杀死哈蒙德上校。然而,查理一世不同意,最终被哈蒙德上校控制,并被押到卡里斯布鲁克城堡。此事发生在1647年11月中旬。

哈蒙德上校通知议会说国王现在他的手里,并询问议会他接下来应该做什么。议会拨了5000英镑巨款犒赏哈蒙德上校,并要求他严密监视国王。查理一世被软禁在卡里斯布鲁克城堡一年多。其间,内战又起。他的日子枯燥无聊,于是就变着花样地消遣。有时,他很想逃走。议会和国王交涉了很多次,但依然没有任何结果。双方的裂痕越来越大了。有时,国王沉默不语,看上去很沮丧,但大多时候都神态正常。他读了很多深奥的书,有时自己也会写一些。他被处死后,有人发现了一本书,据说极有可能是他在卡里斯布鲁克城堡时写的。这本书现在很有名。他可以在城墙上散步,也可以找其他乐子

第十章 军队与议会的斗争

消遣,打发时间。最终,他受够了这种枯燥乏味的日子,决定孤注一掷,设计逃跑。哈蒙德上校似乎发觉了国王的异动,就换掉了国王的仆人。新来的仆人都是他特别信任的。被换掉的仆人中有个叫伯利的,他因为自己被换掉而愤怒,就敲着鼓,穿过卡里斯布鲁克,号召人们解救被囚禁的国王。哈蒙德上校一听到这个消息,就派人逮捕了伯利,将他绞死后肢解了他的尸体。逃跑计划败露后,国王受到的监视就更严了。

尽管如此,国王还是又策划了一个逃跑方案,这次差点儿就成功了。事情的经过是这样的。哈蒙德上校派了一个叫奥斯本的人做国王的贴身仆人,也就是近侍。国王和蔼可亲的态度和高雅的风度使他折服。

一天,奥斯本把一张小纸条放进了国王的一只手套里——在有些场合为国王准备手套是他的本职工作,纸条上写着他愿意为国王效力。一开始,查理一世担心奥斯本是被派来试探他的奸诈小人,但最后还是相信了他。这时,军中有个叫罗尔夫的人想出一条奸计,即先假装愿意帮助国王,怂恿国王逃跑,然后杀死国王。他认为这样做可以讨好议会,到时候不光是自己,连帮助自己执行这个计划的人都会得到奖赏。他把这个毒计告诉了奥斯本,希望奥斯本和他一起执行。

奥斯本把罗尔夫的毒计告诉了国王。经过深思熟虑，查理一世对奥斯本说："很好，你继续跟罗尔夫保持联系，我们可任意利用他逃出城堡，同时做一些安排，以防被暗杀。"奥斯本按照国王说的去做了。奥斯本还设法得到了一些哨兵的帮助。奥斯本和罗尔夫为国王准备了一个锯子和一把锉刀。这样一来，国王就可以锯掉其中一个窗户上的铁条了。到了晚上，事先安排的一些侍从在外面接应国王，然后将他送走。

同时，罗尔夫和奥斯本分别获得了一些人的支持，前者认为这个计划是为了刺杀国王，后者认为这个计划是为了帮助国王逃跑。奥斯本的一个支持者无意中漏了口风，引起了罗尔夫的怀疑。于是他立即采取了防范措施，在国王的窗户下派了许多全副武装的士兵。这样一来，国王一从窗户上跳下来就会被抓。到了约定的时间，国王在跳窗前先看了看下面，立即意识到罗尔夫觉察了逃跑的计划，所以没有跳下去。他回到床上睡觉去了。第二天，国王窗户上的铁条多了一倍。现在国王与囚犯无异了。

这件事过了几个月后，英格兰议会的几位委员来看国王，发现他的情况十分糟糕。他的胡子很长，衣衫不洁，身体大不如前，而且头发也变灰了，虽然他只有48岁，

被囚禁期间的查理一世

查理一世

虚弱得却像个 70 岁的人。现在查理一世的内心极度痛苦、绝望，即便是那些平时不苟言笑、内心冷漠甚至铁石心肠的议员，看到他现在的这个样子也非常心酸。

第十一章

查理一世之死

精彩看点

再次计划逃跑——查理一世拒绝违背诺言——查理一世的朋友们忧心忡忡——查理一世被带离卡里斯布鲁克城堡——查理一世被带到伦敦——委员会名册——查理一世被带进法庭——查理一世的镇静沉着——查理一世打断控告书的宣读——查理一世否认法庭的司法权——查理一世被判处死刑——查理一世受到了很大的侮辱——查理一世最后的要求——同意查理一世的要求——查理一世的祈祷仪式——查理一世拒绝见朋友——遗言——法官签署死刑执行令——查理一世睡得很好——查理一世的演讲——查理一世的尸体被运到温莎城堡——暴力革命没有导致稳定的政府

克伦威尔领导的军队刚刚占得绝对优势，就立即开始采取措施对付国王。他们在卡里斯布鲁克城堡抓住国王，然后将他转移到了赫尔斯特城堡。赫尔斯特城堡黑暗阴森，离卡里斯布鲁克城堡很近。它的地理位置非常独特。英格兰东南部有一处海岬，从大陆伸向怀特岛西部，海岬十分狭窄，有近两英里长。赫尔斯特城堡就位于海岬最顶端，不远处还有一座圆形灯塔。赫尔斯特城堡周围荒无人烟，这个狭长的海岬将它与英格兰大陆连接起来，四周是茫茫大海。赫尔斯特城堡虽然简陋荒凉，但比卡里斯布鲁克城堡更安全。

查理一世是如何被转移到新的软禁地点的呢？具体情况是这样的。查理一世在卡里斯布鲁克城堡与议会进行了多次谈判，答应不逃走。但朋友们获悉军队打算再次带走国王后，一致认为国王应该抓紧时间逃出英格兰，

赫尔斯特城堡

第十一章 查理一世之死

并向国王提出了逃跑的计划，但这遭到查理一世的坚决反对。他认为，之前他企图逃跑，很快就被发现了，如果现在再逃跑，一旦被发现，就会彻底激怒他的敌人，那么大难随时会降临。于是，他告诉朋友们，他已经和议会约定不会从赫尔斯特城堡逃走，而他不想违背自己的承诺。

朋友们听完，都沉默了。过了一会儿，其中的哈克上校说："陛下，军队打算抓走你，很快就会来，除非你逃走，否则躲不过这一劫。我们已经做好一切必要准备——马已经在这里等着，就藏在一个隐蔽的草棚里；船也备好了，就在考斯。我们都会与你一起逃跑的。等到了天黑，我们就更有利了，逃跑的计划一定会成功的。现在就看陛下怎么决定了。"

查理一世沉默了，心烦意乱，踟蹰不决。最后，他说："对方答应了我的条件，我也已经答应他们不逃跑，所以我不能先违背承诺。"

"我想，您是指议会吧？"

"是议会。"

"现在局势变了，议会没有能力保护你了。大难就要临头了。按照眼前的形势，陛下不必再遵守那些诺言了。"

查理一世

但查理一世始终坚持自己的意见。他说,不管遇到什么,他都不会做任何一件看上去会违背诺言的事。接着,他结束了谈话,然后回到床上,想尽可能多休息些时日。朋友们告诉他,他们担心他没多少时间休息了。他们看上去非常焦虑不安,查理一世问他们为什么焦虑不安?他们说,一想到查理一世面临着灭顶之灾,而他却不愿意做一点事情去改变,他们就忧心不已。查理一世回答道,就算面临的危险再多十倍,他也不会违背自己的诺言。

查理一世的朋友们的担心很快就应验了。第二天早上,天刚亮查理一世就被粗暴的敲门声惊醒,他派了一个仆人去问发生了什么事。原来是一群士兵来带他离开。他们什么都没说,只是要求查理一世快点儿更衣,然后跟他们走。他们在大门口骑上马,查理一世诚恳地请求他们让他的朋友与他一起同行,他们只同意里奇蒙公爵送送他,但不能同行。里奇蒙公爵痛苦万分地和查理一世告别,然后查理一世就独自前行了。

军队集中在伦敦,占领了通向议会大厦的道路,开除了所有道不同的议会成员。剩下的议员不得不马上采取措施,准备审判查理一世。

下议院不信任上议院对查理一世的审判。根据英格

里奇蒙公爵

查理一世

兰宪法条例,他们通过了一条法令,目的是要污蔑查理一世犯了叛国罪,并且指定一些议员,也就是他们自己的人,来审判查理一世。当然,在确定这些议员的时候,他们肯定会选那些倾向于给查理一世定罪的人。上议院否决了这个法令,并且停止开会近两周,希望这样可以阻止下议院的下一步行动。下议院议员立即投票决定,上议院不必参与这件事,他们会自己处理。于是,下议院任命了议员,并下令进行审判。

所有跟审判相关的事宜都显得庄严而隆重。审判法庭一共由130位委员组成,但只有一半多一些的委员到庭。在这之前,查理一世已经离开赫尔斯特城堡,到了温莎城堡,现在被带到了伦敦,住在威斯敏斯特大厅附近,这样一来就离法庭近一些了。到了审判的那天,审判法庭就组织好了,所有通向大厅的道路也都挤满了人。其实,人们都震惊地张望着眼前从未有过的场景——国王竟然要受到臣民们的审判。

开庭后,第一件要做的事就是清点委员会名册。每个听到自己的名字的人都要回答一声。将军费尔法克斯也是审判员之一,名册上第二个就是他的名字。当他的名字被点到时,没人回答,于是就又点了一次,这时走廊里有个人说:"他太聪明了,所以没来。"这立刻引

第十一章 查理一世之死

起了骚动，军官们大声问刚刚是谁在回答，结果没人出声。之后，法庭开始宣读控诉书，当读到"英格兰所有人民"这句时，那个声音又出现了："连一半都不到！"军官们命令一个士兵朝着说话的座位开枪，这个士兵没有开枪。经过调查，他们发现打断审判的人是费尔法克斯的妻子，就立刻将她从大厅带走了。

正式开庭后，法庭就命令带囚犯。于是查理一世就被带了进来，并坐在一把铺着深红色的天鹅绒的椅子上，这是他们专门为他在法庭上准备的。查理一世进来的时候，法官们仍然在他们的座位上，头上戴着假发。查理一世坐在了他的位置上，头上也带着假发。他平静地审视着法官，环顾着法庭以及旁边看守他的警卫，表情十分严肃。最终，审判长站起来介绍诉讼程序，打破了沉默。

他向查理一世讲了话。他说，下议院深切地意识到内战给英格兰人民带来了灾难，很多无辜的人流血牺牲，而且人们确信这些灾难就是查理一世导致的。所以，人们现在决心要为这些无辜死去的人审讯他，判他的刑，这也是组织这个法庭的原因所在。现在查理一世应该听听对他的控诉，这也是他们接下来要审判的内容。

然后，一个军官站起来开始宣读控告书。查理一世向他做了一个手势，让他停止宣读，但他还是继续宣读，尽管查理一世再三打断他，审判长也让他继续。控告书里罗列了内战带来的罪恶和灾难，最终总结道："这场残酷而血腥的战争都是国王引起的，他是罪魁祸首。在这场战争中，他烧杀抢掠，危害国家，犯了叛国罪、谋杀罪，他必须为此或者由此引起的灾难承担罪责。"

然后，审判长严厉地斥责查理一世不该打断诉讼，问他如何解释对他的这些控告。查理一世语气强硬地回答道，他们有什么权力叫他解释这些。查理一世对他们说，他是他们的国王，而他们是他的臣民，他们既不是议会，也没有得到议会的许可就开庭审判他。他们对他提出的任何控诉他都不会解释，绝不会放弃自己的尊严和权力，因为他一旦回答了就等于是承认了他们的权力。不过，他确信，他们中没有一个人在心底里会真正相信，对他的控诉都是真的。

诉讼进行了一整天，之后查理一世就被送到软禁的地方，而法庭也暂时休庭。第二天，查理一世被传唤，要求他对控告做出解释，可是他更加坚定地否认法院的权力，并且陈述了他这么否定它的原因。法庭决定不再听他对这个问题的看法，审判长打断了他。可是接下来，查理一世也老是打断审判长说话。这不是审判，而是一种斗争。最后，在第四天的时候，法庭出示了一些类似

查理一世被审判

证据的东西,来证明查理一世之前一直与军队为敌。第五天时,法官们坐下来私下讨论他们的决定,第六天,也就是1649年1月27日,星期六,他们再次传唤查理一世上庭,打开法庭大门,准许围观的群众进来,准备宣布审判结果。

随后,查理一世和审判长又开始相互打断说话,场面有些混乱。查理一世认为应该延长审判时间,因为他还没有为自己辩护,审判长告诉他现在太晚了,他错过了法庭给他的当庭辩护的机会,现在再辩护没有意义了。接着,法庭的书记员宣读了判决书,判决如下:"本庭起诉查理的叛国罪等一切罪行全部成立。查理是暴君、叛徒和杀人犯,是人民公敌,被判处死刑。"书记员读完判决书后,审判长从容郑重地说道:"刚才宣读的判决书,是整个法庭最后的判决结果。"

法庭全体人员起立,表示他们都同意法庭的判决。

接着,查理一世对审判长说:"你能听我一言吗?"

审判长说:"审判结束了,现在不必说了。"

查理一世说:"我真不能说吗?"

审判长说:"不能。警卫,将犯人带回牢房。"

查理一世说:"如果你能通融,审判后我也可以说。等等……请你通融……要是你不允许我说话……"

第十一章 查理一世之死

他还断断续续说了一些话，但都被淹没在喧闹的人群里。他被带出了大厅。

人们认为，所有目睹了这场令人惊骇的诉讼的人，以及那些看到查理一世不久前还统治着一个强大的国家，现在却孤独无助、濒临死亡的人，都会怜悯他。但事实似乎不是这样的，政治冲突造成的仇恨是无情的。查理一世要走出大厅，就必须穿过人群。围观的人都嘲笑他，他们把烟灰吹到他的脸上，把烟斗扔在他的身上，一些人甚至更过分地侮辱他，但查理一世默默地承受了这一切。

查理一世星期六被宣布判处死刑。当天傍晚，他提出请求，希望伦敦主教可以出席他的祈祷仪式，还希望允许临死前他与孩子们见一面。当时，他的小儿子格洛斯特公爵亨利和女儿伊丽莎白公主在英格兰，另外两个儿子已经逃到法国。议会同意了他的这两个要求。查理一世还请求给他派一位圣公会牧师做礼拜，因为他决心将他已经坚持那么久的宗教原则坚持到生命的最后时刻。议会也愿意遵从他的这一要求，这有点儿令人惊讶。

议会虽然同意了查理一世的要求，但却将他从威斯敏斯特的白厅宫带到了不远处的圣詹姆斯宫。他被一个警卫押送着穿过街道。圣詹姆斯宫里有个小教堂，查理

童年时期的伊丽莎白公主(左)和安妮公主(右)

少年时期的格洛斯特公爵亨利

一世就在那里做了礼拜。伦敦主教就查理一世将要面临的刑罚做了布道。在布道中,伦敦主教尽量安慰闷闷不乐的国王,说所有错误的判决终将在伟大的一天被改正。礼拜结束后,查理一世就在教堂里待了一整天,一直在祈祷。

当天下午,他最信任的几个贵族朋友希望见他,但他拒绝让他们进来。他说他的时间不多,也很宝贵。他希望充分利用时间,为即将面临的死刑做准备。因此,除了他的孩子们,他拒绝见任何人,希望朋友们不要生气。他们进来见他,对他们没有好处。现在,他们能为他做的就只有祈祷。

第二天,查理一世的孩子们被带到他软禁的地方,来跟他见面。他的女儿伊丽莎白公主是最年长的,他大儿子查理和二儿子詹姆斯都在欧洲大陆,没能来看他。查理一世要求伊丽莎白公主告诉詹姆斯,他死后,詹姆斯不能再将查理只是当哥哥看,还要当他是国王,要服从他。查理一世要求伊丽莎白公主嘱咐他们,一定要相亲相爱,并且原谅他的敌人们。

"你不会忘记我对你说的话,我亲爱的孩子,是不是?"查理一世说。当时伊丽莎白公主还很小。

"不会,"她说,"只要我活着,我永远不会忘记。"

第十一章 查理一世之死

然后他又让她带几句话给她的母亲,也就是王后,现在也在法国。"告诉她,"他说,"我一直都忠贞不渝地爱着她。只要我活着,我对她的温柔和关心就不会停止。"

可怜的伊丽莎白公主非常难过,查理一世试着安慰她。"你不要这么伤心,"他说,"如果我死了,那也是非常光荣的。我是为了这个国家的制度、自由而死的,也是为维护新教而死的。我原谅了我所有的敌人,而且我希望上帝也会原谅他们。"

查理一世抱起格洛斯特公爵,说:"我的小心肝,他们就要砍下你爸爸的头了。"孩子抬起头很认真地看着父亲的脸,不懂父亲的话是什么意思。查理一世重复道:"他们就要砍下我的头了,也许他们会让你当国王,但只要你的哥哥查理和詹姆斯活着,你就一定不能当国王。如果你做了,他们迟早会砍下你的头颅。" 格洛斯特公爵非常坚定地说,他们永远都不应该让他当国王。查理一世又让孩子们给几个亲戚和朋友带了一些话,然后孩子们就被带走了。

在英格兰或者美国,如果有人被判处死刑,在宣布判决结果后一定要书面授权给治安官或者其他合适的官员,接下来才能执行死刑。这就是死刑执行令,通常是

查理一世

由国家元首签署。在英格兰，死刑执行令通常由国王签署，但这次被判处死刑的是国王，这样的事以前从未发生过，政府官员们起初有一些不知所措。审判查理一世的委员会最终决定，由委员会签署死刑执行令。主要内容如下：

> 高级法院于1649年1月29日审判英格兰国王查理：
>
> 鉴于查理一世因叛国罪已经认罪，本法庭也已经宣布判处死刑，接下来执行死刑。因此要求在明天，也就是本月1月30号，早晨10时到下午5时在白厅前面的空旷街道上执行死刑。现在为了执行死刑，特意签署死刑执行令。共有59名法官签署这份死刑执行令，然后派人将它送到负责执行死刑的官员手中。

那天晚上，查理一世睡得很好，睡了大约4个小时。夜里他在房间里可以听到外面的工人们搭建执行死刑的高台的噪音，这种高台通常被叫作"断头台"。他很早就醒了，他叫醒了躺在身边的仆人。查理一世说："我要起床了，因为我今天有很多事要做。"然后，他要求

第十一章 查理一世之死

仆人为他准备最好的服装,还要多准备一些里面的衣服,因为那天很冷。他很希望穿得保暖一些,以防自己冷得发抖,从而使人们误认为他是因为害怕而发抖。

"我不害怕,"他说,"死亡对我而言并不可怕,我向上帝祈祷,我已经准备好了。"

查理一世之前就安排好了,早上由伦敦主教在他的房间里做礼拜。到了指定的时间,伦敦主教进来了,并颂读了祷告词。在做礼拜的时候,伦敦主教还颂读了《马太福音》第29章,讲述了救世主耶稣临终前的一幕。其实,按照基督教的仪式,这都是规定好的流程,一年内的每一天都会安排诵读相应的圣经章节。但查理一世认为伦敦主教是特意选了这一章,因此对伦敦主教表示感谢。正如他说的,在这个场合,这章对他而言似乎很适合。伦敦主教说:"陛下,只要你觉得满意,这章就是今天最合适的。"查理一世听到这些,感动极了,他也认为这是天意,预示着他到了该死的时候,而且他应该承受最后的痛苦。

委员会一共指定了三位官员共同负责执行死刑,哈克上校的名字排在最前面。大约到了10时,哈克上校来到圣詹姆斯宫,轻轻地敲了敲国王卧室的门,里面没有声音,于是又敲了一次。查理一世叫他的仆人去开门,

查理一世

仆人问他为什么敲门。哈克上校说希望可以见一见国王。

"让他进来。"查理一世说道。

哈克上校进去了,但他一脸尴尬和恐惧。他觉得他要执行的这个任务无比可怕。他告诉查理一世是时候去白厅了,尽管查理一世还可以在卧室里休息一会儿。"好吧,"查理一世说,"走吧,我跟着你。"然后,查理一世抓着伦敦主教的胳膊一起走了出去。

离开圣詹姆斯宫,走进通往白厅的公园时,他们发现士兵们已经列队站好。查理一世的一侧是伦敦主教,另一侧是前文提到的仆人赫伯特。他们的头都没有被套起来,就这样走在列队站好的士兵中间。查理一世走得非常快,其他人几乎跟不上他的脚步了。到达白厅后,他又花了一些时间和伦敦主教做礼拜。中午他吃了一点儿面包,喝了一些低度葡萄酒。之后没过多久,哈克上校就来到查理一世的房间,通知他时辰到了。

伦敦主教和哈克上校跟查理一世告别的时候,都流下了眼泪。查理一世要求将门打开,让哈克上校先走,说他在后面跟着。他穿过了一个大大的宴会厅,走到前面的玻璃门跟前。玻璃门的前面已经铺好通向断头台的路,断头台就建在白厅前面的大街上。查理一世从玻璃门出来后,看到一大群百姓聚集在街上看热闹。他早就

第十一章 查理一世之死

料到了，也打算向所有的群众致辞。但他发现，这是不可能的，因为断头台的周围全是士兵和战马，他们将百姓堵到断头台的外围。百姓距离太远，根本听不到查理一世的声音。但他还是开始演讲，尤其是讲给离断头台比较近的几个人听。查理一世知道他们会把他的演讲传开，这样所有的人都会知道他讲了什么。演讲完毕后，他们又为死刑最后做了一些准备，整理了一下查理一世的衣服、头发什么的。查理一世欣然接受，十分镇定，然后跪下来，将头放在木砧上。

刽子手带着面具，不能让别人知道他是谁。他把查理一世的头发全部塞到帽子里，这时查理一世以为他要动手了，赶忙对他说，等到命令下了再动手。刽子手说他会的。查理一世又祈祷了几分钟，然后伸出双手，表示他准备赴死了。斧子落下来了，查理一世的头被砍了下来，血喷涌而出。另一个帮助行刑的刽子手，满脸喜悦地在观看死刑的众多百姓面前举起查理一世的头，举起的时候，还说："看哪，一个叛徒的头！"

查理一世的尸体被放在一口盖着黑色天鹅绒的棺材里，然后经过玻璃门抬进了他刚刚出来的房间，就在几分钟前，查理一世还健康地活着。又过了一两天，查理一世的尸体被放在盖着黑色天鹅绒的灵车上，由六匹马

查理一世被送上断头台

第十一章 查理一世之死

拉回了温莎城堡。在那里,查理一世的棺材被埋葬在教堂的拱顶,上面题着铭文:

查理国王
1649
英联邦

查理一世死后,英格兰建立了共和政体,称"英联邦"。英联邦的元首不再是国王,而是克伦威尔,他被称为"护国公"。然而,国家治理无序,动荡不安。等到克伦威尔去世后,国家就越发变得岌岌可危。于是,查理一世被处死12年后,英格兰人民一致同意将查理一世的儿子请回来执政。似乎看起来,在一个绝大多数人没有财产、没办法得到政府帮助,但臣民心里充满了对权力和世袭王位的尊重、敬畏的国家里,不能没有一个稳定的政府。在美国,几乎人人都拥有自己的财产:房屋、农场、店铺、劳动工具或者其他一些东西。这些东西让他们意识到,如果发生革命或者国家陷入无政府状态,他们的利益就会受到损害。他们害怕战争,因为他们知道一旦这样,他们所拥有的东西就很有可能失去。因此,他们愿意接受抽象法律的制约。没必要拿着权杖或王冠诱导他们服从，他们自己就会服从。他们会和别人一起投票，然后遵循投票结果。然而，别的国家并不是这样的。就算不是绝大多数人，至少也有一大部分人没有任何财产。每天，他们拿着很少的食物，要长时间辛苦劳作，于是改变，不管是怎样的改变，总是能让受苦受难的人们因祸得福，至少人们是这样期望的，他们时刻准备迎接任何能带来希望的混乱。战争、火灾、暴动或者叛乱都是受欢迎的。他们知道通过这些可以得到一些好处，与此同时，混乱带来的刺激可以缓解一下他们辛苦劳作的单调无聊的生活。

一个国家的贫苦人民推翻君主统治的革命一般很难成功。王权起初通常是由地位较高的人推翻的，但王权一旦被推翻，社会形态原有的秩序和规则被打乱，平民百姓的力量就会崛起，很快就变得不可收拾。当财产在全国人口中分配时，那些所有想维持秩序的人，这时才会想起有必要出力维持秩序，以保安全。与此同时，叛乱和暴力催生的革命很有可能只会建立起一个短暂的、不稳定的政府，这倒是跟革命的出身很相称了。

附录
专有名词汉英对照

苏格兰	Scotland
玛丽女王	Mary Queen
伊丽莎白女王	Queen Elizabeth
达恩利勋爵	Lord Darnley
查理一世	Charles the First
安妮	Anne
詹姆斯一世	King James
哥本哈根	Copenhagen
奥尔巴尼公爵	Duke of Albany
温莎城堡	Windsor Castle
泰晤士河	Thames
宝贝查理	Baby Charley
威尔士亲王	Prince of Wales
白金汉公爵	Duke of Buckingham
乔治·维利尔斯	George Villiers
圣史蒂芬	St. Stephen
吉布	Gib
新教徒	Protestants
天主教徒	Catholics
荷兰	Holland
唐娜·玛利亚	Donna Maria
莱茵河	Rhine

查理一世

布里斯托尔伯爵	Earl of Bristol
多佛	Dover
汤姆·史密斯	Tom Smith
杰克·史密斯	Jack Smith
亨丽埃塔公主	Princess Henrietta
埃斯库里亚尔	Escuria
斯图亚特王朝	Stuarts
议会	Parliament
上议院	House of Lords
下议院	House of Commons
英格兰宪法	English Constitution
威尼斯	Venice
荷兰	Netherlands
威斯敏斯特	Westminster
伦敦西区	West End of London
圣詹姆斯宫	St.James's Palace
丹麦宫	Denmark House
萨默塞特宫	Somerset House
枢密院	Privy Council
基督教会学院	Christ Church College
圆形联名抗议书	Round Robin
伦敦塔	Tower
约翰·汉普登	John Hampden
贝里克郡	Berwick
坎特伯雷大主教	Archbishop of Canterbury
兰柏宫	Lambeth Palace
清教徒	Puritans
李尔本	Lilburne
斯特拉福德伯爵	Earl of Strafford
托马斯·温特沃斯	Thomas Wentwort
约克郡	York
纽卡斯尔	Newcastle
特威德河	Tweed
泰恩河	Tyne

附录 专有名词汉英对照

纽伯恩	Newburn
黑杖礼仪官	Usher of the black rod
英格兰圣公会	Episcopal Church
威斯敏斯特大厅	Westminster Hall
南安普顿伯爵	Earl of Southampton
鲁珀特王子	Prince Rupert
玻璃滴	Glass Drops
阿什伯纳姆	Ashburnham
苏格兰人	Scots
英格兰议会	English Parliament
北安普敦郡	Northamptonshire
霍尔姆宫	Holmby House
约克公爵	Duke of York
奥利弗·克伦威尔	Oliver Cromwell
科内特·乔伊斯	Cornet Joyce
剑桥	Cambridge
金氏病	King's Evil
汉普顿宫	Hampton Court
卡里斯布鲁克城堡	Carisbrooke Castle
哈蒙德上校	Colonel Hammond
奥斯本	Osborne
罗尔夫	Rolf
赫尔斯特城堡	Hurst Castle
怀特岛	Isle of Wight
格洛斯特公爵	Duke of Gloucester
马太福音	Matthew
护国公	Protector